Histoire des Antilles françaises et développement
de la société créole

Georges Haurigot
Edmond du Hailly

Histoire des Antilles Françaises et développement de la société créole

Editions Le Mono

Collection « *Les Pages de l'Histoire* »

Connaître le passé peut servir de guide au présent et à l'avenir.

© Editions Le Mono, 2016

ISBN : 2-36659-223-X
EAN : 9782366592238

Les Antilles

Quels beaux jours j'ai passés sur vos rives lointaines,
Lieux chéris que mon cœur ne saurait oublier !
Antilles merveilleuses, où le baume des plaines
Va jusqu'au sein des mers saisir le nautonier !
Ramène-moi, Pomone, à ces douces contrées ?
Je ne troublerai point leurs tranquilles plaisirs ;
Mais timide, et semblable aux abeilles dorées,
De bosquets en bosquets je suivrai les zéphires.
Ces masses de rochers, voisines de la nue,
De leur beauté sauvage étonneront ma vue :
Heureux si tu permets que le frais tamarin,
Sur moi, dans les chaleurs, jette une ombre étendue !
Si quelquefois encor ma poétique main
Dépouille l'ananas de sa robe touffue !
Dans sa retraite auguste, et loin des faibles arts,
C'est là que la nature enchante les regards !
Le soleil, en doublant sa course fortunée,
Y ramène deux fois le printemps de l'année :
On y voit des vergers où le fruit toujours mûr,
Pend en grappe de rose, et de pourpre, et d'azur :
Une autre Flore y passe, et d'une main légère
Prodigue, en se jouant, sa richesse étrangère :
Des fleuves mugissants, rivaux des vastes mers,
Roulent sur l'Océan dont ils foulent les ondes :
Des arbres élevant d'immenses rideaux verts,
Nobles fils du Soleil et des sources fécondes,
Entretiennent la nuit sous leurs voûtes profondes,
Et vont noircir le jour sur la cime des airs.

Germain Léonard

Première Partie [1]

Chapitre 1

Histoire Générale des Antilles

On désigne sous le nom d'*Antilles* un groupe d'îles situé entre les deux immenses presqu'îles américaines, et qui, par leur réunion, constituent un des plus grands archipels connus. Elles forment une longue chaîne arrondie depuis l'extrémité orientale du *Yucatan* et le sud de *la Floride*, jusqu'au littoral du *Venezuela*, sur une longueur de 3.450 kilomètres. Leur superficie totale est de 247.500 kilomètres carrés, et leur population de 3.700.000 habitants environ.

Ce groupe s'est d'abord appelé archipel de *San Salvator*, nom donné par Christophe Colomb à la première terre qu'il découvrit. Plus tard, les îles furent désignées par le nom de leurs habitants : on les appela *îles des Caraïbes*. Enfin on les a encore appelées *îles du Vent* et *îles Sous-le-Vent*, à cause des vents alizés, qui pendant une partie de l'année soufflent dans ces parages ; mais nous rappelons seulement pour mémoire cette désignation qui est défectueuse, car elle ne s'applique pas chez toutes les nations aux mêmes groupes d'îles.

---

[1] Basé sur les travaux de Georges Haurigot, publiés sous le titre *Excursion aux Antilles Françaises*.

L'archipel se divise en quatre parties : les *îles Lucayes*, les *Grandes* et les *Petites Antilles*, la *Chaîne du Sud*.

Les Grandes Antilles sont : *Cuba*, *Haïti*, la *Jamaïque* et *Porto-Rico*.

Toutes ces terres, grandes ou petites, appartiennent à l'Angleterre, à la France, à l'Espagne, au Danemark, à la Suède, à la Hollande et à la République de Venezuela, sauf pourtant Haïti ou *Saint-Domingue*, qui est indépendant depuis 1865.

Les Petites Antilles sont innombrables ; c'est de ces dernières seulement, ou plutôt de quelques-unes d'entre elles, que nous avons à nous occuper ici.

La France, en effet, après avoir conquis ou créé, dans la mer des Antilles, un empire colonial remarquable par son étendue et sa richesse, n'y compte plus maintenant que quelques rares établissements, importants sans aucun doute, mais qui ne sont que les débris d'une puissance disparue. Nous avons possédé et perdu *Tabago*, *Sainte-Lucie*, la *Grenade*, les *Grenadilles*, la *Dominique*, *Antiguo*, *Montserrat*, *Saint-Christophe*, *Sainte-Croix*, etc., sans compter la plus belle moitié de Saint-Domingue. Il ne nous reste aujourd'hui que la *Guadeloupe* et ses dépendances (*Marie-Galante*, les *Saintes* et la *Désirade*), — la *Martinique*, *Saint-Martin* et *Saint-Barthélemy*.

Vue du littoral de Saint-Pierre à la Martinique.

L'Histoire des Antilles de 1625 à nos jours.

En 1625, Belain d'*Enambuc* ou d'*Esnambuc*, gentilhomme dieppois, fréta un brigantin, et fit voile vers le nouveau monde, en quête d'aventures. Attaqué dans le golfe du Mexique par un navire espagnol, il lui échappa après une lutte héroïque. Mais il dut, pour réparer de graves avaries, relâcher à la première terre qu'il rencontra : c'était l'île de Saint-Christophe. En même temps que lui y débarquait un Anglais, sir Warner. Ils trouvèrent l'île occupée déjà par quelques Français qui vivaient en parfaite intelligence avec les Caraïbes, et ils en partagèrent par moitié la possession et le gouvernement.

D'Esnambuc organisa de son mieux la partie qui lui était échue, favorisa surtout la culture du tabac, et put, dès 1626, revenir en France avec un précieux chargement. Il profita de son voyage pour obtenir de Richelieu l'autorisation de fonder une colonie. Le cardinal lui accorda la possession des îles Saint-Christophe et autres, « et ce, pour y trafiquer, et négocier des denrées et marchandises qui se pourraient recueillir et tirer desdites îles et autres ».

À son retour à Saint-Christophe, d'Esnambuc chargea un sieur d'Orange de visiter les îles environnantes encore inoccupées. Celui-ci, à son retour, signala favorablement la Martinique, la Dominique et surtout la Guadeloupe. D'Esnambuc confia alors à son lieutenant *Liénard de l'Olive* la mission de se rendre en France pour y traiter avec la Compagnie, en leurs noms à tous deux, de l'exploitation de ces différentes terres. L'Olive se laissa séduire à Dieppe par Duplessis, sieur d'Ossonville, et passa bien le contrat désiré, mais pour son propre compte et celui de Duplessis.

D'après les statuts de la Compagnie, les gens qui voulaient se rendre aux îles, et qui ne pouvaient pas payer leur passage, devaient servir pendant trois ans ceux qui en avaient fait les frais, c'est-à-dire la Société ou les colons. Ce laps de temps écoulé, ils recevaient une concession de terre, ou étaient libres d'aliéner à nouveau leur liberté. C'est ce qu'on a appelé les *engagés* ou les *trente-six mois*. L'Olive et Duplessis embauchèrent dans ces conditions 550 individus, parmi lesquels 400 laboureurs environ, et l'expédition quitta Dieppe le 25 mai 1635.

Parvenu dans la mer des Antilles, on essaya d'abord de débarquer à la Martinique ; mais on dut en repartir aussitôt, tant fut grande la frayeur inspirée aux engagés par la vue d'innombrables serpents.

On atterrit à la Guadeloupe le 27 juin, un mois et deux jours après avoir quitté la France. Les deux chefs se partagèrent les hommes, les provisions, les outils, la terre, et s'établirent sur les points qui depuis reçurent les noms suivants : l'Olive à l'ouest de la pointe *Allègre* et sur la *rivière du Vieux-Fort* ; — Duplessis à l'est de cette même pointe, sur la *rivière du Petit-Fort*. Ils entendaient gouverner chacun par une méthode absolument différente : le premier ne comptait que sur la force et les mesures énergiques, souvent cruelles : le second employait toujours la douceur et la persuasion.

Duplessis mourut six mois après son arrivée, et l'Olive, resté seul, s'abandonna à son caractère violent.

Le but de toute sa vie devait être désormais l'extermination des Caraïbes, dont les réserves de patates et de manioc suppléeraient avantageusement, pensait-il, à l'insuffisance de ses provisions. Un jour, des Caraïbes s'étant emparés d'un hamac abandonné sur le rivage, en laissant en échange un porc et des fruits, le cruel capitaine trouva là le prétexte d'un guet-apens suivi de massacre. La guerre était allumée, guerre d'embûches, terrible des deux côtés, qui ne devait finir que de longues années après l'extermination des plus faibles.

Case et groupe de Caraïbes.

Après l'Olive, vint une série de gouverneurs, sous l'administration desquels il n'y a rien d'important à signaler, sauf pourtant la colonisation des dépendances de la Guadeloupe, dont nous dirons quelques mots en nous occupant de chacune d'elles.

Pendant que ces faits s'accomplissaient à la Guadeloupe, Belain d'Esnambuc, désireux de faire tout au moins aussi bien que son infidèle lieutenant, avait pris possession de la Martinique, à la tête d'une centaine d'hommes. Il y jeta les fondations de la ville de *Saint-Pierre* en juillet 1635 ; puis, ayant confié à son second *Dupont* la direction du nouvel établissement, il retourna à Saint-Christophe.

De 1636 à 1642, trois compagnies possédèrent successivement la Guadeloupe et la Martinique. Aucune d'elles ne sut comprendre qu'il importait de remplacer dans la pratique le *droit exclusif de commerce*, par un droit de simple préférence. Elles auraient dû, moyennant redevance, laisser toute liberté aux transactions ; loin de là, de peur qu'il n'entrât aux îles une seule marchandise qui ne fût expédiée par elles-mêmes, elles préférèrent y entretenir une innombrable armée de commis qui, après avoir épuisé les colons, finirent par dévorer aussi les compagnies. Toutes trois furent ruinées par leur propre avidité, et aussi par les luttes incessantes qu'il leur fallut soutenir contre les indigènes.

En 1649, le marquis de Boisseret, agent de la dernière compagnie, acquit d'elle, pour lui et son beau-frère Houel, la propriété de la Guadeloupe et de ses dépendances. Le prix d'achat fut de 60,000 livres tournois une fois payées, plus une redevance annuelle de 300 kilogrammes de sucre.

C'est de cette époque que date la prospérité de l'île. Elle fut quelque peu entravée par une nouvelle période de la guerre contre les Caraïbes, qui se ralluma à la Martinique en 1653 ; mais, pendant les hostilités, un grand événement s'accomplit à la Guadeloupe. Neuf cents Hollandais, suivis de douze cents esclaves, chassés du Brésil par la persécution religieuse, se présentèrent dans notre île, où Houel les accueillit avec empressement ; ils débarquèrent le 28 février 1654, date mémorable pour l'île, car ces étrangers devaient y introduire la culture du cacaoyer et de la canne à sucre, et y établir les premières sucreries.

Malheureusement les successeurs de Boisseret, loin de suivre les exemples de justice et de sage administration qu'il leur avait laissés, se signalèrent à l'envi par leurs exactions et leur impéritie. Aussi, en 1664, Colbert, fatigué des plaintes qu'ils provoquaient, décida Louis XIV à racheter la Martinique, la Guadeloupe et ses dépendances. Il est à regretter que le ministre ait cru devoir confier alors l'exploitation des îles à une nouvelle compagnie, la *Compagnie des Indes Occidentales*.

Il semble que celle-ci ait pris à tâche de commettre exactement les mêmes fautes que les précédentes. À cette époque, les colons eurent beaucoup à souffrir, car la compagnie se trouva au début dans l'impossibilité d'envoyer aux îles aucune denrée ; d'autre part, sous prétexte que la peste exerçait ses ravages à Amsterdam, elle avait interdit tout commerce avec la Hollande. La vérité, c'est que les Hollandais se rendaient un peu partout maîtres des marchés, par leur bonne foi commerciale et les bas prix auxquels ils livraient leurs marchandises.

La Hollande, notre alliée depuis 1662, venait de recommencer la guerre contre les Anglais, et la flotte ennemie, enlevant les navires de la compagnie, s'apprêtait à diriger une attaque contre nos colonies. Complètement abandonnées par la métropole, nos possessions n'avaient pas de forces régulières ; le soin de la défense reposait entièrement sur les habitants, et encore étaient-ils insuffisamment armés. Les gouverneurs, à la vérité, recevaient des fusils, mais avec ordre de les vendre aux colons. Cependant, ces milices organisées à la hâte ne tardèrent pas à devenir des troupes redoutables, et c'était un dicton courant chez l'ennemi, que mieux valait avoir affaire à deux diables qu'à un seul habitant français.

Au mois de juillet 1666, l'amiral anglais Willougby, qui croisait dans la mer des Antilles avec une flotte composée de 14 vaisseaux et 3 barques portant 2,000 soldats, envoya cinq de ses navires attaquer les Saintes.

Malgré une brillante défense de Baron et Desmeuriers, elles s'emparèrent du fortin qui commandait la position. Le lendemain, un orage épouvantable dispersa la flotte ennemie, et la détruisit en partie ; deux navires seuls échappèrent au naufrage. *Dulion* attaqua alors le fortin, et, grâce à l'aide de 200 Caraïbes venus de la Dominique pour offrir leurs services, les soldats anglais durent se rendre à discrétion.

Dulion était si heureux de sa victoire, qu'il assura aux Pères Jacobins une rente de 1.000 kilogrammes de sucre, à charge par eux de chanter annuellement un *Te Deum*.

En 1674, la Martinique, qui prospérait sous l'habile direction de son gouverneur M. de la Barre, fut subitement attaquée par la flotte hollandaise sous les ordres de l'amiral Ruyter. Malgré une défense héroïque, les milices ne purent empêcher le débarquement et, sans une circonstance fortuite, c'en était fait de la Martinique. À peine débarqués, les Hollandais occupèrent l'entrepôt, qui contenait une quantité considérable de rhum ; quelques heures après, tous les marins étaient ivres ; les défenseurs de l'île fondirent immédiatement sur eux, en massacrèrent un grand nombre, et le reste dut regagner à la hâte les vaisseaux qui s'éloignèrent.

Dans le courant de mars 1691, les Anglais débarquèrent à Marie-Galante et s'en emparèrent, car ses habitants, trop faibles pour résister, abandonnèrent l'île sans combat et se replièrent sur la Guadeloupe. Deux mois après, l'ennemi parut devant la Basse-Terre, conduit par Codrington le père.

À cette époque, la guerre se faisait aux îles presque comme aux temps les plus reculés de l'antiquité. Une position prise, les plantations étaient dévastées, les esclaves enlevés, etc. La seule différence, c'est que les blancs étaient chassés, au lieu d'être réduits en esclavage. Aussi le premier soin de *Hincelin*, alors gouverneur de la Guadeloupe, fut-il de mettre en sûreté les femmes, les enfants, les vieillards et le gros des esclaves dans le réduit de la colonie, qui était alors le *Dos d'âne*, position à peu près inaccessible. Une ardeur incomparable animait tous les habitants et même quelques esclaves fidèles auxquels on avait confié des armes.

Les Anglais concentrèrent leurs efforts sur le fort Saint-Charles, commandant le bourg de *Saint-François* et celui de *la Basse-Terre* proprement dit, séparés par la *Rivière aux Herbes*, qui plus tard, par leur réunion, ont formé le chef-lieu actuel. Après bien des feintes pour amener Hincelin à dégarnir un point de la côte, Codrington, n'y ayant pas réussi, se décida enfin à prendre terre à l'*Anse à la Barque*, distante de la Basse-Terre d'environ 15 kilomètres, à vol d'oiseau. L'aide-major *Bordenave*, à la tête de 25 hommes et de quelques esclaves connaissant bien le terrain, y mit hors de combat une centaine d'ennemis. Malheureusement il fut tué, et les survivants de sa petite troupe se replièrent alors jusqu'à la rivière *Beaugendre*, où ils rencontrèrent le major *Ducler*, commandant cent hommes. Là eut lieu un combat meurtrier, où les Anglais perdirent beaucoup de monde ; mais ils étaient infiniment plus nombreux que nous, et continuaient toujours à avancer, brûlant et pillant tout sur leur passage. Un troisième combat, à la rivière *Duplessis*, leur enleva encore 300 hommes ; mais on ne put les empêcher de s'établir à terre. Nos forces alors se partagèrent. Hincelin tint la campagne, harcelant sans cesse l'ennemi, et pendant ce temps le *chevalier de la Malmaison*, avec une poignée de braves, occupait le gros de leurs troupes au siège du fort Saint-Charles. Il résista pendant trente-six jours à leurs efforts les plus acharnés, et donna ainsi au marquis d'Eragny, gouverneur général, le temps d'arriver de la Martinique avec des forces suffisantes, composées de flibustiers et de quelques soldats de marine. Codrington se rembarqua avec précipitation, abandonnant ses canons et même quelques blessés ; mais il trouva le temps, en se retirant, d'incendier les bourgs de Saint-François, de la Basse-Terre, du Bailli, et toutes les habitations qu'il rencontra sur son chemin.

De nouvelles épreuves étaient encore réservées à la Martinique, devenue l'objet de la convoitise de toutes les nations maritimes de l'Europe. Le 1er avril 1693, une flotte anglaise commandée par l'amiral Veller pénétrait dans la rade de Saint-Pierre, tandis que le colonel Faulk débarquait à la tête de quinze cents hommes et essayait de s'emparer de la ville ; il ne put y réussir, mais ses troupes se répandirent dans les campagnes et causèrent les plus grands dommages aux récoltes.

La guerre se termina le 30 septembre 1697 par le traité de Ryswick. Malheureusement la paix ne fut pas de longue durée, car en 1703 nous retrouvons l'Europe de nouveau coalisée contre la France, dans la guerre de la Succession d'Espagne.

Les hostilités contre nos colonies recommencèrent par une attaque de Codrington le fils contre la Guadeloupe. Il s'empara de Marie-Galante, échoua dans une tentative contre les Saintes, et le 20 juillet il parut devant la Basse-Terre, où il débarqua 400 hommes au quartier de la *Bouillante*. *Auger*, gouverneur de la Guadeloupe, ne les attendait pas sur ce point ; ils se livrèrent au pillage et à l'incendie, puis se rembarquèrent, non sans laisser quelques hommes que leur tuèrent des vieillards et des esclaves embusqués derrière les halliers. Le 22, ils débarquèrent aux *Habitants*, mais furent presque aussitôt rejetés à la mer ; le 23, toutes leurs forces atterrirent simultanément au *Gros-François*, au *Val de l'Orge* et aux *Habitants*. Sur ces deux derniers points, ils ne rencontrèrent presque pas de résistance, mais au premier on leur livra un combat qui dura deux heures et où ils perdirent 300 hommes. Ayant réussi à s'établir à terre, ils mirent le siège devant le fort Saint-Charles. On les fatiguait par des sorties continuelles, on les usait dans des combats de détail, et enfin sur 4.000 Anglais qui avaient débarqué, 2.000 seulement survivaient : les autres avaient été enlevés par les maladies ou les escarmouches ; Codrington, désespérant de faire avec la moitié de ses forces ce qu'il n'avait pu mener à bonne fin avec la totalité, se rembarqua le 18 mai, deux mois juste après son arrivée.

La Guadeloupe, débarrassée de ses ennemis, souffrit longtemps encore de la pénurie de vivres ; le peu de navires qui échappaient aux croiseurs anglais se rendaient à la Martinique. Aussi le chiffre de la population resta stationnaire, l'agriculture ne fit aucun progrès, et cet état pénible dura jusqu'au traité d'Utrecht en 1713. Cette année-là même, la Guadeloupe fut ravagée par un ouragan terrible.

En revanche, du traité d'Utrecht à la guerre de la Succession d'Autriche (1713-1741), s'étend une longue période de paix, pendant laquelle la colonie fit de sensibles progrès. Ils furent dus en grande partie à l'introduction du café que le commandant de Clédieu avait apporté à la Martinique. C'est aussi dans cette période que disparaissent les *engagés*, dont il n'est plus fait mention à dater de 1735. Les capitaines furent tenus désormais de transporter à leur place un même nombre de soldats et d'ouvriers destinés au service des colonies.

En 1741, éclata la guerre de la Succession d'Autriche ; la prospérité de la colonie se trouva de nouveau arrêtée, parce que les habitants employèrent tous leurs capitaux à armer des corsaires qui donnèrent la chasse à l'Anglais. Chasse fructueuse, à vrai dire, car les corsaires des îles réunies prirent neuf cent cinquante bâtiments, dont la valeur a été estimée à 30.000.000 de francs. La guerre se termina en 1748 par le traité d'Aix-la-Chapelle.

Quelques années de paix s'écoulèrent bien rapidement, et la guerre de Sept Ans éclata en 1756.

Trois ans après, l'amiral anglais John Moore reçut l'ordre de s'emparer de la Martinique. L'attaque, dirigée contre Fort-Royal et le morne Bourbon, demeura sans succès ; grâce à la vigoureuse résistance des milices les Anglais durent se retirer. L'amiral se dirigea alors sur la Guadeloupe, qui devait être moins heureuse. Certains auteurs affirment bien à tort que les habitants n'opposèrent à l'ennemi qu'une molle résistance. C'est là une opinion erronée, que réfutent amplement les termes mêmes de la capitulation que nous citons plus loin, et les détails suivants qui montrent aussi à qui incombent les responsabilités de la défaite.

Rivière Madame à Fort-de-France.

La flotte ennemie comptait 12 vaisseaux de haut bord, 6 frégates, 4 galiotes à bombes et 80 bateaux portant 8.000 hommes de troupes.

Or, combien de défenseurs l'île pouvait-elle opposer à ces forces redoutables ? Quatre mille en tout, composés de 2.000 miliciens et de 2.000 esclaves qu'on avait enrégimentés. Ce dernier fait, qui est prouvé par l'article 20 de la capitulation, démontre clairement combien les habitants étaient désireux de vaincre une fois de plus ; car il était fort à craindre que, sous le feu de l'étranger, les esclaves ne tournassent contre leurs maîtres les armes qu'on leur avait confiées.

Les Anglais, arrivés le 22 janvier, commencèrent l'attaque dès le lendemain. Ils s'établirent à terre et remportèrent plusieurs avantages, car ils étaient nombreux et bien commandés ; les Français, au contraire, avaient à leur tête deux chefs incapables, qui ne s'entendaient pas entre eux : de la Poterie, lieutenant du roi, et Nadau du Treil, gouverneur de l'île.

La Guadeloupe résista désespérément pendant *trois mois*. La même ardeur animait tous les habitants et s'était emparée même de quelques femmes courageuses : une dame Ducharmoy, à la tête de ses esclaves, repoussa plusieurs détachements anglais, qui voulaient s'emparer de son habitation. Au bout de ce temps, la famine se faisait cruellement sentir dans l'île, surtout au réduit du *Trou-au-Chien*, et la démoralisation commençait à exercer ses tristes effets : on était las d'attendre en vain les secours que le gouverneur général aurait dû envoyer de la Martinique. À l'origine, il est vrai, les moyens de transport avaient pu manquer au marquis de Beauharnais ; mais on savait que depuis le 8 mars il avait à sa disposition la flotte de Bompars. On ne comprenait rien à son inaction et on s'en désespérait.

La Guadeloupe fut obligée de se rendre le jour même où apparurent à l'horizon les voiles des navires que M. de Beauharnais s'était enfin décidé à expédier. Hâtons-nous de citer à l'honneur des colons l'article 1er de l'acte de capitulation :

Article 1er. — « Les habitants sortiront de leurs postes avec deux pièces de canon de campagne, leurs armes, enseignes déployées, tambour battant, mèche allumée, et recevront tous les honneurs de la guerre. »

En marge est écrit de la main du commodore : « *Accordé en considération de la belle défense que les habitants ont faite pendant 3 mois de siège* ».

Le dénouement de cette affaire fut à la fois triste et comique : d'une part, Nadau du Treil fut mis en jugement, dégradé, et condamné à la prison perpétuelle ; d'autre part, le roi crut devoir rendre une ordonnance par laquelle il faisait défense à tout gouverneur, commandant, ou autre chef dans les colonies, d'y acquérir des bien-fonds ni d'y contracter mariage avec aucune créole.

En 1762, les Anglais firent une nouvelle tentative contre la Martinique. Ils échouèrent une première fois, mais le 16 janvier 1762 ils débarquèrent des forces imposantes à la pointe des Nègres et à Case Pilote ; 12.000 hommes donnèrent l'assaut au morne Bourbon et à Tartenson, et, malgré une défense digne d'un meilleur sort, ces deux positions furent enlevées. L'ennemi se dirigea alors sur Fort-de-France dont il s'empara et occupa Saint Pierre qui était à peine fortifié. Le 12 février, Levassor de la Touche traita de la reddition de l'île, qui passa aux mains de l'Angleterre.

Le traité de Paris, qui porta un coup si fatal à notre puissance coloniale, rendit cependant la Martinique et la Guadeloupe à la France.

La Guadeloupe fut à ce moment dotée d'une constitution indépendante. C'est à cette date également que fut fondée la ville de la Pointe-à-Pitre. En 1769, on replaça encore la Guadeloupe sous la dépendance de la Martinique. Les considérations stratégiques qui inspirèrent cette mesure n'avaient pourtant plus aucune raison d'être, puisque les Anglais étaient devenus possesseurs de la Dominique placée entre les deux îles. On finit par s'en apercevoir, et en 1775 la Guadeloupe fut définitivement affranchie de toute tutelle.

Nos colonies avaient à peine eu le temps de reprendre possession d'elles-mêmes, et de travailler à réparer les désastres causés par la dernière guerre et l'occupation anglaise, qu'une parole imprudente du maréchal Biron ramenait les flottes ennemies devant les Antilles.

L'amiral anglais Rodney, retenu à Paris pour dettes, s'écriait un jour devant le maréchal : « Si j'étais libre, je voudrais anéantir jusqu'au dernier vaisseau de la marine française ». — « Vous êtes libre, Monsieur », répondit le maréchal ; et il paya les dettes de l'amiral. Ce trait chevaleresque devait coûter cher à la France.

De retour en Angleterre, Rodney, à la tête de vingt vaisseaux, se dirigea vers les Antilles, détruisant sur son passage tous les navires français qu'il rencontrait. Le 19 mai 1780, il se présente devant la Martinique ; mais l'amiral français Guichen lui infligea des pertes sérieuses.

De 1781 à 1784, la guerre se continua, acharnée de part et d'autre, et se termina par la défaite, dans les eaux des Saintes, de notre flotte commandée par de Grasse.

Nous voici arrivés à la Révolution française. Un premier décret rendu par l'Assemblée nationale déclara que les hommes de couleur étaient les égaux des blancs ; un second, dû à la Convention, devait, le 16 pluviôse an II (4 février 1794), donner la liberté aux nègres. Ces mesures de justice et d'humanité, inspirées par les sentiments les plus nobles et les plus généreux, furent mal heureusement appliquées avec une précipitation si maladroite qu'elles eurent pour premier résultat de faire éclater la guerre civile. Des désordres épouvantables ensanglantèrent la Guadeloupe, mais plus encore Saint-Dominiqne et la Martinique. Dans cette dernière île, après un apaisement passager obtenu par l'énergie de Dugommier, recommencèrent des scènes de carnage et d'horreur telles que nous croyons plus patriotique de ne pas insister.

Les Anglais ne pouvaient manquer de mettre à profit nos discordes.

Le 10 janvier 1794, John Jervis, avec 31 vaisseaux et six canonnières, arrivait devant la Martinique. Sir Grey débarqua six mille hommes à la Trinité, s'en empara, malgré la belle défense du mulâtre Belgrade, commandant de la milice des gens de couleur. Le 14 janvier, Fort-Royal était bloqué et, le 22 mars, Rochambeau signait la reddition de l'île ; le 21 avril, ce fut la Guadeloupe qui tomba aux mains des généraux Graham et Prescott. Deux commissaires envoyés par la Convention et arrivés en juin, Chrétien et Victor Hugues, accomplirent de tels prodiges de valeur, qu'avec 2 frégates et 1.550 hommes ils réussirent à expulser 8.000 Anglais soutenus par une escadre considérable. Il convient d'ajouter qu'ils furent puissamment secondés par les habitants, et que les noirs en particulier, ces nouveaux citoyens français, prirent à la lutte une part très glorieuse. Victor Hugues était heureusement parvenu à leur inspirer une terreur salutaire. Telle était sa réputation d'énergie et de sévérité, que son nom seul suffisait à faire rentrer les rebelles dans le devoir.

Après la paix d'Amiens, qui, en 1801, nous rendit nos colonies, éclata une nouvelle guerre civile. Hugues n'était plus là : il rendait à Cayenne des services analogues à ceux que nous venons de rappeler. En 1802, le premier consul commença par rétablir l'esclavage par décret, et, l'année suivante, il envoya à la Guadeloupe 3.500 hommes sous le commandement du général Richepance. Les noirs, ayant à leur tête des chefs mulâtres, défendirent vigoureusement leur liberté ; la lutte dura plusieurs mois, et quand ils succombèrent à la fin, ils avaient fait couler des flots de sang. À ce moment, la colonie se serait trouvée dans un état de pauvreté extrême, si les corsaires de la Point-à-Pitre n'avaient fait des courses, d'où ils rapportaient presque toujours de grands approvisionnements de vivres et d'argent.

Le 24 février 1809, la Martinique retomba encore une fois aux mains des Anglais commandés par Cochrane. Pareil sort échut en 1810 à la Guadeloupe, qui fut cédée à la Suède. Nos colonies, qui nous furent rendues en 1814 par le traité de Paris, subirent pendant les cent jours un nouvel envahissement, et nous revinrent enfin en 1816, pour ne plus nous être enlevées.

Malgré la période extraordinairement agitée qu'elles venaient de traverser, nos colonies se trouvaient, à ce moment, dans un état de prospérité relative, et la dernière occupation anglaise leur avait même, jusqu'à un certain point, profité. À leur arrivée dans les îles, les Anglais ne modifièrent en rien l'administration, les fonctionnaires furent conservés et les créoles gagnèrent à la fréquentation continuelle de ces hommes pratiques, laborieux et économes.

Le soin des plantations, négligées pour la *course*, redevint la seule occupation des colons, qui ne tardèrent pas à renouer des relations commerciales avec l'Europe.

Malheureusement, les rivalités de races, sur lesquelles nous donnerons plus loin des détails, devaient amener de graves conflits à l'intérieur.

Les noirs, qui sentaient leur supériorité numérique — à la Martinique, par exemple, ils étaient 80.000 environ, tandis que les blancs ne représentaient que 10.000 individus, et les mulâtres 11.000 — les noirs, depuis longtemps, cherchaient une occasion de secouer le joug pesant de l'esclavage.

Un complot fut organisé à la Martinique et dirigé par quatre nègres : Narcisse, Jean-Louis, Jean et Baugio ; il éclata dans la nuit du 13 au 14 octobre 1822 ; des colons furent assassinés, leurs demeures pillées, les récoltes incendiées. C'était le signal d'une révolte, que les noirs espéraient rendre générale ; mais, grâce à l'énergie du gouverneur et des autorités militaires, le soulèvement fut réprimé dès son début. Soixante nègres furent arrêtés et livrés aux tribunaux : sept des accusés eurent la tête tranchée, quatorze furent pendus et dix subirent le supplice du fouet. Ces exécutions jetèrent la terreur parmi les nègres, et tout rentra bientôt dans l'ordre.

Cependant, depuis cette époque jusqu'en 1833, il y eut encore bien des révoltes ; la plus fameuse est celle des mulâtres en 1824. Le chef du mouvement était un homme de couleur du nom de Bisette ; son but était de chasser tous les blancs de l'île. La conspiration fut découverte, et Bisette arrêté avec treize des mulâtres les plus notables de Saint-Pierre. On les interna à Fort-de-France.

Traduit devant les tribunaux, le chef de la révolte fut condamné, avec trois de ses complices, aux travaux forcés, trente-sept autres au bannissement.

Citons encore la révolte de 1833 dirigée par Rosemond et Louis-Adolphe, sous-officiers de la milice mulâtre, qui, à cette occasion, fut licenciée.

Le 27 avril 1848, la République proclama de nouveau l'abolition de l'esclavage, qui cette fois devait être définitive. L'expérience faite en 1794 ne servit absolument à rien, et les nouveaux législateurs s'y prirent aussi maladroitement que les anciens. Il eût été facile de préparer cette modification si profonde de tout un monde en poussant les colons à faire des affranchissements multipliés, alors même qu'on eût dû les provoquer à prix d'or, puisqu'on était décidé à leur accorder une indemnité. Il eût été absolument nécessaire, avant de disperser d'un seul coup toute la classe des travailleurs, d'introduire aux Antilles des immigrants destinés à les remplacer ; la chose était possible, puisqu'elle fut faite à la Réunion. La justice et l'humanité qui réclamaient impérieusement le décret rendu le 27 avril 1848, n'auraient rien perdu à ces deux précautions.

Les désordres les plus graves éclatèrent à la Martinique comme à la Guadeloupe ; principalement à la Grande-Terre et à Marie-Galante. Nous n'en raconterons pas les détails, car nous pourrions être accusés de charger à plaisir le tableau.

Citons seulement un incendie qui, le 12 mai 1850, dévora soixante maisons de la Pointe-à-Pitre ;

le 19, le feu reprit à l'endroit où il s'était arrêté, sept jours auparavant, et consuma encore une douzaine de maisons. On se décida à faire un exemple : un nègre nommé *Sixième*, qu'on avait pris la mèche à la main, fut décapité sur la place de la Victoire ; de plus, la Pointe-à-Pitre et son arrondissement furent mis en état de siège, et la tranquillité finit par se rétablir.

Ce qui mit beaucoup plus de temps à revenir dans nos colonies, ce fut la prospérité et la richesse ; les y rencontre-t-on même aujourd'hui ? Hélas !... Les citoyens de la métropole, qui n'ont d'autres bases d'appréciation que des renseignements presque toujours inexacts, peuvent se laisser égarer par des apparences trompeuses ; mais nous savons bien quelle réponse feraient les habitants des Antilles, si on les interrogeait.

Les propriétaires d'esclaves commencèrent par être tous à peu près ruinés par l'émancipation même. Il se rencontre des hommes sérieux pour déclarer que la possession d'esclaves étant chose contraire au bon droit, il n'y a pas lieu de plaindre ceux qui, ayant placé leurs capitaux sur une marchandise humaine, les ont subitement perdus. Nous ne saurions trop répéter à ces philanthropes que donner satisfaction à la morale et à l'humanité, c'est bien, mais que ruiner les gens en leur nom, c'est, pour détruire un abus, commettre une iniquité. Mais, répliquent-ils, on a indemnisé les propriétaires d'esclaves ! — En effet, nous soumettons à leurs méditations les chiffres suivants. D'après la loi votée par la Chambre le 30 avril 1849, le gouvernement acheta pour 6 millions de francs de rente 5 % partageable entre toutes les colonies, et leur alloua en outre en commun une autre somme de 6 millions. La Guadeloupe, pour sa part, toucha 1.947.164 fr. 85, et chaque propriétaire eut environ 500 fr. par tête d'esclave. Or, le prix brut d'un esclave variait de *sept cent* à DEUX MILLE francs, et sa valeur devait être en outre augmentée de ce qu'il avait coûté en nourriture, médicaments, soins, éducation, etc…

Enfin, ce qu'il y eut de plus grave, c'est que le travail fut absolument désorganisé, l'agriculture manqua de bras pendant près de deux ans, et jusqu'à présent, la question du travail aux colonies est encore très grosse d'embarras. Pour parler plus catégoriquement, aujourd'hui la Martinique ne bat plus que d'une aile et la Guadeloupe est presque morte : la monotonie de la vie n'y est plus guère rompue que par l'imprévu et l'importance des catastrophes commerciales.

En résumé, l'émancipation était souhaitée par tous les esprits justes, elle s'imposait à l'humanité, et l'on ne saurait trop louer ceux à qui on la doit ; mais l'application de cette mesure généreuse fut si maladroite qu'elle constitua, nous avons le regret de le dire, cette chose grave que qualifiait si sévèrement Talleyrand : — une faute.

Chapitre 2

La Martinique

I.

Aspect général de l'île. — Situation géographique. — Découverte. — Les deux saisons. — L'hivernage : maladies ; phénomènes du ciel, des eaux et de la terre. — Température. — Les nuits. — Le drap mortuaire

Quand un navire a franchi le canal de Sainte-Lucie pour aller à Fort-de-France, ou celui de la Dominique, passage dangereux, aux lames courtes et pressées, s'il se rend à Saint-Pierre, un aspect des plus pittoresques séduit le regard du voyageur, et grave dans son esprit une impression qui ne saurait plus s'effacer.

Sous un ciel d'une pureté merveilleuse, dont celui de l'Italie peut seul donner une idée, au milieu d'une mer diaprée de mille couleurs et que l'on croirait toujours calme et tranquille, si le mot du poète : « perfide comme l'onde », ne revenait à la mémoire, la Martinique se dresse brusquement, semblable à une sirène qui étale sa chevelure humide en restant à moitié dans l'eau. L'île, généralement très escarpée sous le vent, est couverte d'une végétation vigoureuse, d'un vert foncé, tranchant avec crudité sur le cadre azuré qui l'environne. Quand on y descendit pour la première fois, elle était tellement boisée, les arbres de ses forêts étaient si touffus qu'on ne pouvait apercevoir la terre.

La situation géographique exacte de la Martinique est entre 14° 23' 43" et 14° 52' 47" de latitude nord, — 63° 6' 19" et 63° 31' 34" de longitude ouest.

Elle fut découverte par Christophe Colomb à son quatrième voyage, en novembre 1493, le jour de la fête de saint Martin ; c'est de cette circonstance qu'elle a tiré son nom.

Fort-de-France.

Quand on approche de la Martinique, le premier point qui attire le regard est le sommet du *Vauclin*. Puis surgissent les pitons du *Carbet*, la *Caravelle*, pointe avancée qui ouvre la baie du Galion et de la Trinité, et enfin la montagne *Pelée*, géant de la chaîne centrale. Peu après, les yeux distinguent les cultures variées, les champs immenses de cannes à sucre, les bouquets de palmiers et de cocotiers aux panaches élégants. Puis se déroulent les côtes sous le vent, minées par la mer qui s'y brise en grondant. Quelques bâtiments légers animent ce tableau : goélettes paresseusement appuyées sur une hanche, pirogues minces et élancées que conduisent hardiment des nègres, presque tous marins de naissance.

L'ensemble de l'île forme deux péninsules réunies par un isthme. Sa superficie totale est de 98.000 hectares.

Le sol semble être le produit d'anciennes éruptions volcaniques des montagnes de l'intérieur.

La montagne *Pelée* atteint environ 1.650 m. ; les pitons du Carbet 1.207 m. Les *Roches Carrées*, le *Vauclin*, le *Cratère* du *Marin* et le *Morne* la *Plaine* sont des volcans éteints. Le cratère de la montagne Pelée s'est ranimé au mois d'août 1851.

À la base de ces monts, s'élèvent des collines de lave maintenant recouvertes de bois et que l'on appelle *Mornes*.

L'île mesure environ seize lieues de long et quarante-cinq de circuit. La côte, aux découpures profondes, généralement élevée au-dessus de la mer, est d'un abord dangereux ; cependant un certain nombre de ports et de havres offrent un asile sûr aux navires de moyen tonnage. Les principaux sont : la rade de *Fort-de-France*, le port de la *Trinité*, les havres du *Robert*, du *Vauclin* et du *François*, la baie du *Marin*, la rade de *Saint-Pierre*, la *case Pilote*, la *case au Navire* et la *Grande-Anse*.

L'île est arrosée par soixante-quinze rivières, à peu près desséchées pendant les chaleurs, mais qui, pendant la saison des pluies, deviennent de véritables torrents.

Les principaux cours d'eau sont, au vent de l'île : le *Lorrain*, qui à son embouchure se divise en deux bras : le *Lorrain* et le *Masse*, le *Galion*, la *Capote*, qui reçoit la *Falaise*, le *Macouba*, la *Grande-Anse* et la *Sainte-Marie*.

Sous le vent de l'île : la rivière *Pilote* qui, ainsi que la rivière *Salée*, est navigable ; la *Lézarde*, la *Jambette*, la rivière de *Monsieur*, celle de *Madame*, qui passe à Fort-de-France ; le *Carbet*, la rivière du *Fort-Saint-Pierre* et la *Case-Navire*.

Les pluies torrentielles, qui inondent la région montagneuse surtout, produisent souvent un phénomène terrible que les habitants appellent *descente*. Les premières pluies forment des amas d'eau considérable dans les immenses cuvettes naturelles des rochers ; quand surviennent les secondes pluies, les pierres qui formaient un barrage sont emportées, et la masse des eaux se précipite, entraînant pêle-mêle des arbres arrachés, des quartiers de roches déracinés, jusqu'à ce qu'un accident de terrain, arrêtant ces débris, forme une nouvelle digue qui contient un instant les eaux bouillonnantes. Mais que les pluies augmentent, et alors rien ne peut plus retenir le flot menaçant ; il s'élance impétueux, se jette dans quelque cours d'eau qu'il grossit démesurément, et ce torrent furieux, sortant de son lit, dévaste en quelques heures tout un pays.

Ce terrible phénomène se produit presque exclusivement pendant l'*hivernage*. Il n'y a aux Antilles que deux saisons : celle que nous venons de nommer, qui dure de la mi-juillet à la mi-octobre, et la saison fraîche, qui occupe le reste du temps. Cette dernière, pendant laquelle la température varie de 21 à 29°, suivant les heures de la journée, est la plus favorable à l'acclimatation des Européens. Pendant l'hivernage, le thermomètre marque de 25 à 37 degrés. C'est l'époque où les maladies exercent leurs plus cruels ravages, tant celles qui sont plus spéciales aux pays chauds, comme le choléra, la cachexie alcoolique, la fièvre paludéenne et la terrible *fièvre jaune*, — que le Père Dutertre appelait le *coup de barre* — que celles qui se rencontrent malheureusement partout : la dysenterie, l'hépatite, les fièvres éruptives, la fièvre typhoïde et même la phthisie ; cette dernière, qu'on ne devrait pas rencontrer aux Antilles, y devient presque toujours galopante.

L'hivernage est aussi la saison des pluies torrentielles, des violents orages, celle enfin où se produisent le plus fréquemment les phénomènes désastreux qui bouleversent trop fréquemment les Antilles. Nous citerons, pour aller du moins mauvais au pire, d'abord les *raz de marée*, houles monstrueuses produites par la collision de deux courants opposés, qui se jettent avec violence sur la terre, enlevant quelquefois les plus gros navires, pour les transporter au milieu d'une ville et les y abandonner en se retirant. Viennent ensuite les coups de vent qui emportent les toitures des maisons, parfois les renversent, dévastent les plantations, et causent enfin des ravages de toute nature dont il est impossible de se faire une idée en Europe ; nous mentionnerons entre autres le coup de vent de 1825, qui détruisit de fond en comble le Grand-Bourg de Marie-Galante et qui fit plusieurs centaines de victimes.

Le plus redoutable de beaucoup entre ces phénomènes est sans contredit le tremblement de terre. Il ne se produit pas dans une saison plutôt que dans une autre, on peut toujours l'attendre, et il ne se passe point d'année où l'on ne ressente quelques secousses qui causent des dégâts plus ou moins graves.

Nous les décrirons dans la partie de cet ouvrage relative à la Guadeloupe, parce que c'est cette île qu'ils ont le plus éprouvée. Nous nous contenterons de signaler ici, puisque nous sommes à la Martinique, celui de 1737 auquel on attribue la destruction de tous les cacaoyers, qui étaient jusqu'alors une des principales exploitations agricoles de l'île.

Quant à la pluie, la quantité moyenne qui en tombe annuellement est de 217 centimètres au niveau de la mer. La différence entre les années pluvieuses et les années sèches est d'environ 33 centimètres.

Malgré cette eau, qui est véritablement un bienfait de la nature, la température moyenne de la Martinique, à l'ombre et à deux mètres au-dessus du niveau de la mer, n'atteint pas moins de 26° centigrades ; elle monte quelquefois jusqu'à 35° et son minimum est rarement inférieur à 25°. En revanche, au sommet des montagnes les plus élevées (le Carbet et la montagne Pelée), pendant les mois de février et d'avril, elle descend souvent jusqu'à 18°, même aux heures où le soleil est le plus ardent.

Mais il n'est pas facile, on le comprendra, d'aller, à une altitude aussi considérable, jouir de cette fraîcheur bienfaisante. Aussi, les jours paraissent-ils horriblement longs dans cette atmosphère surélevée. Et de fait, ils le sont vraiment, car ils ne durent jamais moins de onze heures en décembre où ils sont le plus courts, et en juin ils atteignent jusqu'à douze heures et demie. C'est donc avec bonheur que les habitants des villes saluent l'arrivée de la nuit.

Les nuits de la Martinique sont admirables. À un jour qui fuit sans crépuscule succède brusquement une obscurité profonde. Bientôt l'immense voile bleu du ciel se pique d'innombrables étoiles d'un éclat extraordinaire, formant entre elles des constellations bizarres, inconnues du vieux continent. Alors la brise se lève fraîche et parfumée et permet d'oublier un instant les souffrances d'un jour trop ardent. C'est l'heure où la vie est douce, où les créoles se livrent, sur les longues *galeries*, aux joyeuses causeries et au doux *far niente*.

La place Bertin, à Saint-Pierre.

Sur les bords de la mer et dans toute la partie élevée, le climat de la Martinique est suffisamment sain ; mais il n'en est pas de même dans les régions inférieures, où l'humidité est excessive. Des plaines et des bas-fonds marécageux, s'élèvent dans les airs des buées de vapeurs, et ces tristes nuages portent dans leurs flancs les germes des dysenteries et des fièvres si justement redoutées.

Les premiers colons donnaient un nom horrible au brouillard compact et nauséabond qui les couvre souvent vers le milieu de la nuit : ils l'appelaient le drap mortuaire des savanes.

Nous avons dépeint l'aspect général de l'île, indiqué sa situation géographique, décrit ses montagnes et ses rivières, son climat et ses saisons, il ne nous reste plus qu'à donner à nos lecteurs une idée exacte des deux principales villes de la Martinique, Saint-Pierre et Fort-de-France.

Fort-de-France, autrefois Fort-Royal, prend son nom du fort qui la domine et en défend rapproche. Il s'élève au fond d'une baie profonde qui constitue une rade sûre et d'un accès facile.

La ville, assez jolie, est surtout remarquable par le cachet colonial que lui donnent ses grandes rues larges, tirées au cordeau et bordées de maisons généralement en bois et à un seul étage : précautions indispensables contre les tremblements de terre.

Les fenêtres qui éclairent ces maisons sont dépourvues de vitres et ne sont closes que par des jalousies, qui permettent d'établir des courants d'air continuels pendant la chaleur du jour, et qui, la nuit, laissent pénétrer la brise fraîche de la mer.

Fort-de-France est la ville administrative, c'est là qu'est le siège du gouvernement, du tribunal et de toutes les autorités civiles et militaires de l'île. Sa population est d'environ 24.000 habitants.

À sept lieues à l'ouest de Fort-de-France, s'élève la jolie ville de Saint-Pierre, dont les premières maisons, qui s'étendent jusqu'à l'Océan, sont baignées par les vagues.

Saint-Pierre se divise en trois paroisses ou quartiers : le Fort, le Centre et le Mouillage.

Le Fort, situé du côté opposé à la mer, monte rapidement jusqu'à une éminence appelée Tivoli ; sa position élevée et les ombrages qui défendent ses habitations contre les ardeurs du soleil, tout en les laissant exposées à la brise de mer, en ont fait un endroit très recherché de ceux que leurs affaires n'appellent pas journellement sur les quais, où est le centre de la ville commerciale.

Des hauteurs de Tivoli, on embrasse un coup d'œil merveilleux ; à gauche : les campagnes couvertes de riches cultures, et qui s'étendent jusqu'au *Prêcheur*, le morne calebasse toujours couronné de verdure, la savane et le jardin des plantes ; à droite : la paroisse du Mouillage et les pitons du Carbet qui ferment l'horizon du côté de la terre ; à ses pieds : la rade remplie de navires ; au loin, la mer resplendissante, sur laquelle se détachent les voiles blanches de nombreux bateaux.

La paroisse du Mouillage s'étend le long de la mer et de là monte en amphithéâtre jusqu'au morne taillé à pic qui domine la ville.

Les quais et les rues du bord de la mer sont occupés par les commissionnaires, les commerçants et les magasins où sont exposées les marchandises venant de France.

La place Bertin, sur le port, plantée de tamarins qui l'ombragent, est le lieu de réunion de tous les négociants de la ville ; c'est là que se tient la Bourse.

Les rues perpendiculaires à la mer sont montueuses, raides et presque impraticables : dans certains endroits même, elles se terminent en escaliers. Les voies parallèles sont bordées de chaque côté de larges dalles qui remplacent les trottoirs ; des ruisseaux profonds, où court une eau vive, entretiennent les rues dans un état de fraîcheur et de propreté indispensables sous ce climat brûlant. Du reste, l'eau est répandue dans la ville en abondance, et presque toutes les maisons sont pourvues de fontaines.

Jardin botanique de Saint-Pierre.

Aucun édifice public à signaler, à part le théâtre, qui, sans être un monument remarquable, est moins laid cependant qu'on ne pourrait s'y attendre ; il est, du reste, dans une position exceptionnelle, et on y jouit d'une vue magnifique, car le regard embrasse la ville, le Trou-Vaillant et la savane immense qui se déploie jusqu'au bout de l'horizon.

Les appartements sont généralement peu meublés ; le rez-de-chaussée, que l'on nomme aussi *galerie* et qui rappelle le *parloir* anglais, est le lieu de réunion ; on n'y trouve guère que des canapés, meuble très apprécié des créoles.

Dans les chambres à coucher sont de larges lits à colonnes, disposés pour recevoir les moustiquaires.

Le jardin des plantes est admirablement situé et il offre aux yeux étonnés de l'Européen la collection la plus complète de toutes les plantes tropicales ; une végétation vigoureuse produit des ombrages épais ; d'abondantes cascades ménagées avec art répandent autour d'elles une délicieuse fraîcheur, et des oiseaux au plumage multicolore, inconnus sur notre continent, viennent égayer la verdure des feuilles aux formes étranges des cannes à sucre, des bananiers, des palmiers et des gigantesques mimosas.

Malheureusement, sous ces feuilles si belles, sous ces fruits aux couleurs si engageantes, sous la mousse que foulent nos pieds, se cachent des serpents, hôtes dangereux, dont nous parlerons tout à l'heure.

Fort-de-France et Saint-Pierre sont, à proprement parler, les seules villes de la

Martinique ; le Vauclin, le Prêcheur, le Carbet, etc., ne sont que des bourgs ou des villages sans importance. La population totale de l'île est d'environ 160.000 habitants.

Telle est, fidèlement décrite, cette île de la Martinique, que l'on a cru devoir surnommer la reine des Antilles françaises, titre à la fois mérité et injuste, car la Martinique y a tous les droits, il est vrai, mais sa sœur la Guadeloupe porte comme elle une triple couronne de richesse, de poésie et de beauté.

II
La population et les mœurs

Types originaux et variétés. — Le créole — Questions de couleur. — Hier et aujourd'hui. — La vie. — Zombis et Soucougnans. — Le langage créole.

La population se compose des mêmes éléments, à peu de chose près, dans toutes les Antilles françaises ; si nous plaçons sous la rubrique *Martinique* un aperçu des différents types qui la constituent, c'est que dans cette île la question des couleurs a subsisté plus vivace qu'ailleurs, et parfois encore y passionne les esprits. À vrai dire, nous n'abordons point ce chapitre sans quelque appréhension, tant nous savons chatouilleux les épidermes de toutes couleurs de nos excellents compatriotes ; mais notre bonne foi et notre impartialité nous mettront, il faut l'espérer, à l'abri de toute récrimination.

D'une façon générale, on distingue aux Antilles ceux qui sont blancs et ceux qui ne le sont pas.

Les blancs se divisent en *Européens* et en *créoles*. C'est tout à fait à tort que l'on emploie, en France, ce dernier mot, pour désigner indifféremment tous les habitants des îles. On peut dire, il est vrai, un *nègre créole*, pour distinguer un noir né aux Antilles, d'un Africain, par exemple ; mais, prise seule, cette expression *un créole* ne s'applique avec justesse qu'à l'individu né *aux colonies de parents appartenant à la race caucasienne.* — Les Européens s'assimilent très vite aux créoles en adoptant leurs mœurs, leurs habitudes, et même leurs idées.

Tout le reste de la population se rattache à une des catégories que nous allons indiquer. Elles sont très nombreuses, mais on ne rencontre en réalité, outre les blancs, que trois types originaux : les *Africains*, les *Indiens* et les *Chinois*. Quant aux habitants primitifs de l'île, les Caraïbes, ils ont complètement disparu. Les violences et les cruautés inséparables, paraît-il, de toute conquête, ont détruit la vaillante race de ces hommes au teint cuivré qui, forts et braves, actifs et adroits, nous prêteraient un concours précieux, aujourd'hui que la grande culture dépérit dans nos colonies. Ils étaient, il est vrai, polygames et anthropophages ; mais il eût été possible de les ramener à des mœurs plus rationnelles, et la destruction est à coup sûr le plus déplorable moyen de civilisation.

Groupe de cases de cultivateurs.

Les quatre races que nous avons indiquées, en se mariant entre elles ou en se croisant, donnent les résultats suivants :

Les blancs, entre eux, donnent les *créoles*.

Les Africains, entre eux, produisent ceux que, après deux ou trois générations, on appelle nègres des colonies.

Le croisement de la race blanche avec la race indienne donne naissance au *métis* ou *métif* ; avec la race noire, au *mulâtre*.

Celui-ci, à son tour, toujours avec le blanc, engendre les *quarterons* ; si c'est avec le nègre qu'il se croise, il produira le *câpre*.

Enfin, le nègre, en s'alliant avec les derniers descendants des Caraïbes, produit le *griffe*.

Ces nombreuses variétés ne diffèrent guère entre elles que par la nature des cheveux plus ou moins crépus, et par la couleur de l'épiderme plus ou moins foncé suivant le nombre de générations qui séparent l'individu du blanc.

Le créole est généralement bien fait, de taille moyenne, mais de constitution peu robuste, ruinée qu'elle est par une anémie quasi-héréditaire. Ses principales qualités sont la générosité et la bravoure.

Avant 1848, chaque planteur tenait table ouverte sur son *habitation* ; quiconque y entrait était certain d'y trouver l'hospitalité la plus cordiale et en même temps la plus luxueuse : maison, chevaux, esclaves, argent même, tout était mis immédiatement à sa disposition, et l'étranger, qui croyait n'être venu chez un colon que pour quelques heures, y demeurait parfois plusieurs semaines.

Nous avons parlé de bravoure. Les luttes acharnées dont il est question dans la partie historique de cette étude témoignent suffisamment du courage des créoles.

À un autre point de vue, nous n'étonnerons personne en disant qu'aux Antilles on a la tête chaude. Les duels y sont fréquents et se terminent rarement par de simples égratignures ; ils ont souvent lieu à la carabine de précision, à courte distance.

En revanche, le créole a de nombreux défauts : il est orgueilleux, vantard et frivole ; enfin l'on pourrait appliquer presque à chaque habitant cette expression pittoresque fréquemment usitée là-bas : « Il marche avec un pistolet dans sa poche pour tuer celui qui a inventé le travail ».

Quant aux femmes créoles, nous ne saurions trouver de termes assez flatteurs pour louer leur beauté, leur grâce et leur douceur. Les perfections les plus communes chez elles sont la richesse de la chevelure, la blancheur mate du teint, la finesse des mains et des pieds, l'éclat du regard.

Les Africains sont des hommes de moyenne taille, vigoureusement découplés et d'une force musculaire peu commune. Par contre, ils ont les traits grossiers : le front, bas et fuyant, est recouvert d'une forêt de cheveux crépus ; sa seule qualité est d'avoir la dureté de la pierre ; les yeux sont petits et bridés ; l'os nasal extérieur n'existe presque pas, et l'on n'aperçoit, comme appareil olfactif, que deux énormes trous noirs. N'en déplaise aux romanciers qui gratifient généralement leurs personnages nègres de lèvres *rouges comme du corail*, elles sont d'un noir violacé ; épaisses, lippues, n'étant point cachées par la barbe, qui fait presque absolument défaut, elles donnent à l'Africain une bouche repoussante.

Les nègres des colonies, descendants des Africains, sont leur reproduction affaiblie, et le type va s'adoucissant à chaque génération nouvelle.

Aujourd'hui il faut les diviser en deux catégories : d'une part, ceux qui sont restés la classe inférieure : domestiques, petits artisans, etc. ; d'autre part, ceux qui, pouvant mettre à profit les bienfaits de l'éducation, franchissent rapidement tous les degrés de l'échelle sociale, et semblent avoir adopté pour devise le « *quo non ascendam* » de Fouquet. Il ne faudrait pas conclure du portrait peu flatteur que nous avons tracé de leurs pères que les nègres sont inintelligents : loin de là ! leur boîte crânienne, énorme, contient un cerveau que la culture peut rendre puissant ; et comme ils sont doués d'une volonté particulièrement tenace, presque tous ceux qui reçoivent de l'instruction deviennent des hommes supérieurs.

Quant aux nègres de la première catégorie, il semble que l'esprit du bien et celui du mal se livrent en eux un combat perpétuel. Ils sont menteurs, voleurs, vaniteux (*farandoleurs*), et paresseux ; la locution « travailler comme un nègre » a certainement été trouvée par un homme qui n'avait jamais quitté la France. Aux heures mauvaises, il se réveille en eux on ne sait quelle haine féroce du blanc. En revanche, ils constituent, comme cultivateurs, des auxiliaires précieux, doux et remplis de bonne volonté ; comme domestiques, ceux qui se mêlent d'être bons et dévoués sont vraiment remarquables, et il n'est pas rare de rencontrer encore dans les familles créoles des serviteurs que leurs qualités ont fait élever pour ainsi dire au rang de membres de la famille.

Le portrait moral que nous venons de tracer du nègre des colonies peut s'appliquer également bien au mulâtre, son rival d'hier, son allié aujourd'hui.

Issus du blanc et du noir, les mulâtres présentent à des degrés divers les qualités et les défauts des deux races, en accentuant, comme il arrive presque toujours, de préférence les mauvais côtés. Placés, à tous les points de vue, dans une position meilleure que celle des nègres, ils ont moins souffert que ces derniers, et pourtant ils ont gardé de l'ancien état de choses des souvenirs plus vivaces, une aversion plus profonde contre le blanc : aux jours de guerre civile, ce sont eux, toujours, qui ont montré le plus d'acharnement et de cruauté. Quelles sont les raisons de cette apparente anomalie ? Nous en voyons deux. La première, c'est que, plus rapproché du blanc, le mulâtre s'est jugé plutôt son égal et a entamé de très bonne heure une lutte où il était soutenu par l'envie et la jalousie. La seconde, c'est que le mulâtre, esprit plus délié que le descendant de l'Africain, était mieux capable de ressentir toutes les injures qui pouvaient lui être faites, et dont sa naissance même était la première.

Arrivons maintenant à ceux qui ne se rencontrent dans nos colonies que comme immigrants.

Le nom d'*Indien* n'appartient en propre qu'aux habitants des Indes Orientales. C'est en cherchant un chemin direct pour parvenir à ces contrées que l'on trouva le Nouveau-Monde, et il en résulta que les navigateurs, croyant être arrivés au terme de leur voyage, appliquèrent, à tort, cette dénomination aux aborigènes de l'Amérique. Ce n'est pas de ceux-ci qu'il est question. Nos Indiens viennent bien des Indes. Ils sont grands, minces, élancés, avec des attaches légères et des traits d'une finesse extrême.

Indienne.

Leurs cheveux plats sont longs et rudes, et d'un noir terne. Ils sont en général doux et adroits, soumis, obséquieux même. Ils forment une caste distincte qui se mêle peu aux autres habitants et constituent ainsi un élément à part, un noyau nouveau de population. En revanche, ils sont très vicieux. Quand ils ont ou croient avoir un motif de haine, ils se montrent extrêmement rancuniers et vindicatifs, incendiant au moindre prétexte les magasins de chauffage appelés *cases à bagasse*. Sur dix crimes jugés par la cour d'assises, neuf sont commis par des Indiens. Cet assemblage bizarre de qualités et de défauts fait qu'ils ont dans nos colonies des partisans et des détracteurs acharnés.

Il ne nous reste plus à parler que des Chinois.

Les fils du Céleste-Empire sont généralement bien pris dans leur petite taille. Avec leur tête de forme conique, leur figure triangulaire au teint jaune, leurs yeux obliques, leurs sourcils droits et élevés, leur nez écrasé, leur lèvre supérieure faisant saillie sur l'autre, ils paraissent étranges, un peu effrayants, promenant en silence, au milieu de nos nègres méfiants, leur appendice capillaire vrai ou postiche.

Nous ne voulons pas juger le peuple chinois d'après les quelques convois qui sont arrivés aux colonies. Ils étaient en effet toujours composés d'individus ramassés dans les tavernes et les cloaques de leurs villes natales. D'une façon générale, on accusait les Chinois d'être voleurs et perfides ; mais nous devons dire aussi qu'ils étaient industrieux, laborieux et économes. Quoi qu'il en soit, on a dû renoncer à l'importation de l'élément chinois, et les Célestiaux deviennent de plus en plus rares aux Antilles. Ceux qu'on y rencontre aujourd'hui sont petits commerçants.

Poussons un peu plus avant l'étude des rapports qu'ont entre eux les éléments si divers de cette population bigarrée. Il faut d'abord éliminer les Indiens et les Chinois, qui demeurent à peu près indifférents aux affaires d'un pays qui n'est pas le leur. Il reste en présence : les blancs, les nègres et les mulâtres. Leurs relations ne sont malheureusement pas amicales et fraternelles comme devraient l'être celles des enfants d'une même patrie. Loin de là, blancs d'un côté, nègres et mulâtres de l'autre, forment deux camps absolument opposés, et les rapports sont parfois tellement tendus qu'ils se brisent avec une violence dont on est loin de se douter en France. Tout récemment encore, en 1882, la ville de Saint-Pierre a été bouleversée par des troubles qui ont gravement compromis la sécurité publique. Deux maisons ont été détruites de fond en comble, plusieurs personnes se sont trouvées en danger de mort.

L'esprit dans lequel est conçu cet ouvrage ne nous permet pas de nous aventurer sur le terrain de la politique ; nous nous contentons d'indiquer l'état des esprits, et surtout de signaler les causes les plus vraies, les plus sérieuses des dissentiments entre les *blancs* et leurs antagonistes, qu'on groupe le plus souvent sous l'appellation générique de *gens de couleurs* ; causes bien connues des habitants du pays, mais extrêmement délicates à déduire.

Les blancs étaient autrefois les maîtres absolus du pays et n'estimaient nègres ou mulâtres qu'à leur valeur vénale, c'est-à-dire qu'ils ne les estimaient point du tout, les considérant purement et simplement comme des bêtes de somme susceptibles de produire un revenu plus ou moins élevé. De fait, les esclaves, sans état civil, sans famille, propriété absolue du maître qui les avait payés, dégradés souvent par les châtiments corporels et les traitements les plus vils, n'étaient guère en état d'inspirer la considération ; et le seul sentiment qu'ils pussent éveiller dans l'âme, même des meilleurs, était celui d'une pitié un peu méprisante.

Les temps et les choses ont bien changé. Un des plus beaux titres de gloire des hommes de 1848, c'est, à coup sûr, l'émancipation des esclaves. Nous nous sommes déjà permis de dire que ce grand acte de l'affranchissement a été accompli avec une précipitation regrettable ; nous ajouterons ici, après avoir rendu un nouvel hommage aux nobles sentiments qui ont inspiré cette mesure, que cette précipitation est expliquée, sinon tout à fait excusée, par les entraînements de la lutte et de la victoire. Le principe a triomphé, et les colonies n'ont pas péri, il est vrai ; mais nous défions quiconque les a habitées et les connaît, de nier que leurs intérêts, dont la mère-patrie est si profondément solidaire, n'aient été en un jour gravement compromis, sinon tout à fait perdus.

Quoi qu'il en soit, la folie des premières heures de liberté une fois apaisée, les plus intelligents des nègres et des mulâtres envisagèrent froidement la situation, et, de ce jour, ils se proposèrent, avec la ténacité qui leur est propre, d'atteindre deux buts essentiels : l'instruction et la fortune. Nous ne les suivrons pas dans les longues et difficiles étapes qu'ils ont eu à franchir ; il nous suffit de constater qu'aujourd'hui beaucoup ont obtenu le résultat tant désiré.

Les blancs n'ont fait d'abord que rire des efforts de leurs esclaves d'hier. Ils ont persisté dans leur mépris, sans daigner s'apercevoir que le vieux monde créole s'était écroulé, et qu'un jour prochain viendrait où le sol de l'île, comme aussi les situations honorifiques, appartiendraient à ceux qui sauraient les conquérir et les garder.

Ils se sont abandonnés, comme par le passé, aux engourdissements d'une vie paresseuse et facile, dissipant avec insouciance les restes de leurs fortunes à peu près détruites, et un beau jour ils se sont réveillés plus faibles que les déshérités de la veille. Voici donc une première cause de discorde : chez les uns, orgueil immodéré, inspiré par les positions conquises ; chez les autres, colère et désespoir de les avoir laissé conquérir.

Mulâtresse.

L'exercice des droits politiques est venu compliquer la situation. Les gens de couleur, nègres et mulâtres, sont naturellement très attachés au régime qui leur a rendu leur dignité d'homme ; les créoles, au contraire, par essence et par tradition, sont conservateurs ; or, comme les premiers sont dix fois, vingt fois plus nombreux que les seconds, la victoire leur est toujours restée sur le champ de bataille des élections, et aujourd'hui les blancs ne prennent même plus la peine de voter, se dérobant, par avance, à une lutte où ils sont sûrs d'être vaincus.

Voilà un second motif très sérieux pour qu'il n'y ait pas, entre blancs et gens de couleur, une sympathie très vive. Quand on voit cette antipathie se transformer parfois en haine, haine violente, implacable, on s'étonne, on s'inquiète, et l'on se dit qu'il doit y avoir une autre cause à ce déplorable état des esprits ; on la cherche et on ne la trouve pas. Ceux-là seuls la connaissent, qui ont longtemps habité et pratiqué les colonies.

Aux Antilles françaises, la question de la femme, dont personne ne parle, est la question qui, au fond, passionne le plus les esprits.

Beaucoup de nègres et de mulâtres, avons-nous dit, ont acquis la richesse et l'instruction ; ils retournent aujourd'hui dans leur pays natal, après de brillantes études, faites en France, comme médecins, comme avocats, comme magistrats ; quelques-uns deviennent gouverneurs de l'île où leur grand-père a reçu le fouet. Honneur aux travailleurs courageux, dont le succès a récompensé les efforts !

Malheureusement il manque une chose essentielle pour que la population des colonies soit homogène, unie et parfaitement heureuse : c'est que les nouveaux venus soient vraiment acceptés par la société créole. On les estime à leur valeur, on les salue dans la rue, on les reçoit dans quelques maisons, mais seulement dans des maisons de *fonctionnaires*, et enfin — là est la grosse question, — il n'y a pas dix créoles qui consentiraient à donner leur fille en mariage à un nègre ou à un mulâtre. De leur côté, les jolies créoles éprouvent une horreur incroyable, qui semble instinctive, pour tout ce qui est de sang mêlé, même à un degré très faible. Or, s'unir à elles, est justement l'ambition éternelle des nègres et des mulâtres. Ils se présentent, mais ils sont éconduits, et les échecs répétés leur inspirent contre les blancs une haine profonde, dont rien ne saurait faire comprendre la violence aux lecteurs européens.

Négresse.

Il y a quelques années, un gouverneur de la Martinique eut l'idée désastreuse, — et pourtant elle lui avait été inspirée par un vieux créole très expérimenté, qu'aveuglait sans doute son grand désir de conciliation ! — de donner à Saint-Pierre un bal magnifique, où il convia, en même temps que les blancs, les principaux d'entre les nègres et les mulâtres. Qu'arriva-t-il ? C'est qu'à peine entrés dans l'immense salle du bal, les arrivants formèrent trois camps bien distincts, noirs et blancs aux deux extrémités, mulâtres entre les deux ; les jeunes filles créoles avaient eu le soin de promettre, longtemps à l'avance, toutes leurs danses à leurs frères, cousins et amis ; et nous renonçons à peindre le sourire dédaigneux avec lequel elles annonçaient la nouvelle aux cavaliers bronzés qui s'aventuraient à leur adresser une invitation.

Il ne résulta de cette fête que des provocations, des duels et un redoublement de haine.

Mais, diront les Européens, ce sont les créoles qui ont tort ; pourquoi cet ostracisme dont ils frappent leurs compatriotes de sang mêlé ? Eh quoi ! voici un homme de bonne éducation, instruit, médecin distingué ou magistrat de talent, et, parce qu'il a sous l'épiderme quelques molécules colorantes de plus ou de moins, vous aimeriez mieux, suivant l'expression de l'un d'entre vous, *enterrer votre fille vivante* que de la lui accorder en mariage ! c'est de la folie pure.

Ce raisonnement paraît tout d'abord d'une justesse indiscutable. Mais, pour comprendre les sentiments des créoles, il est bon de connaître et de peser les considérations suivantes. Voici un homme nègre ou mulâtre, d'une parfaite honorabilité ; très bien ! il est de plus, dîtes-vous, médecin de talent, ou magistrat distingué, ou commerçant d'une probité à toute épreuve : de mieux en mieux. Malheureusement il n'est pas seul au monde : il sort d'une famille nouvellement constituée, où un état civil régulier, la fidélité aux principes de la morale et de l'honneur, etc., sont d'introduction trop récente. Il traîne comme un boulet, l'infortuné ! ou un oncle qui aura été condamné pour vol sur une habitation, ou une cousine qui court les rues de la ville portant sur un madras crasseux un *trait* chargé de morue fraîche ou salée, ou quelque parente moins avouable encore. Combien y a-t-il d'habitants de Lyon, de Marseille, de Paris, qui repousseraient avec horreur tout projet d'union dans les conditions que nous venons de dire ! Personne plus que nous ne désire la fusion des races : elle est logique, indispensable, et elle se fera ; mais ceux qui la veulent immédiate, instantanée, sont des utopistes ou des ignorants. Il faut attendre qu'un demi-siècle, et plus, ait effacé dans nos colonies jusqu'aux derniers vestiges d'un esclavage et d'une dégradation qui étaient la honte de l'humanité.

Vieille négresse.

À part ces rivalités, la vie est tout à fait paisible et douce à la Martinique. Les dames sortent peu, préférant rester à l'abri d'un soleil de feu dans les maisons rendues aussi fraîches que possible ; c'est avec peine qu'elles se décident à dépouiller le large peignoir créole, et à quitter la berceuse ou le hamac aux balancements qui endorment. Les hommes ne vont à leurs affaires, en général, que jusqu'à onze heures du matin, et à partir de trois heures de l'après-midi ; dans l'intervalle, ils s'abandonnent aux douceurs de la sieste. Leur costume est des plus simples et ne se compose que de vêtements de coutil ou de nankin. La coiffure universellement portée, par le gouverneur comme par le dernier nègre de l'île, est le panama aux larges bords.

Le seul costume pittoresque est celui des négresses. Il se compose d'une chemise brodée très fine, d'une jupe aux bandes de couleurs voyantes, attachée très haut, à la manière des robes premier empire, d'un madras jaune, vert et rouge, posé au sommet de la tête de la manière la plus originale, le tout surchargé d'épingles d'or, de broches, de pendeloques de toute nature. Elles sont d'une propreté remarquable, et ne prennent pas moins de trois ou quatre bains par jour. Elles sont presque constamment armées d'une brosse à dents qu'elles agitent vivement dans leur bouche, préalablement remplie de tabac en poudre.

Ce sont là, en effet, deux des traits caractéristiques du caractère nègre : l'amour de la propreté et celui des couleurs éclatantes.

Les mœurs sont douces, et la religion catholique est universellement pratiquée. Cela n'empêche pas les nègres d'être extraordinairement superstitieux. Ils ont une multitude d'amulettes ou de gris-gris ; ils croient aux mauvais sorts, — aux sorciers, *volants*, *soucouyans* ou *soucougnans*, — aux philtres ou *quimbois*, — aux revenants, qu'ils appellent des *zombis*.

On s'est habitué, en France, sur la foi de romanciers peu soucieux de l'exactitude, à croire que le nègre des Antilles parle une sorte de langage télégraphique dont voici un échantillon : *nègre dire à blanc li vouloir tafia.* La vérité est que le patois créole est presque une langue, langue absolument incompréhensible à qui n'en a pas l'habitude. Elle est faite de mots empruntés à presque tous les idiomes connus : anglais, espagnol, hollandais, danois, etc. Les mots français qui s'y rencontrent sont presque tous méconnaissables à force d'être défigurés ; quelques-uns sont tirés du langage particulier à telle ou telle province. Parmi ces derniers, nous en citerons un bien joli, qui est une sorte d'onomatopée imitative du chant des oiseaux au matin. La pointe du jour, en vieux langage bas-breton, s'appelait la piperette ; les nègres en ont fait le *pipirit chantant.*

III.

Le règne animal. — Les serpents. — Renvoi à la Guadeloupe. — Histoire du café. — Une réputation usurpée.

La mer des Antilles est riche en animaux de toutes sortes, gros et petits. On y trouve quelques baleines dont, malheureusement, la pêche est négligée par les Français et est devenue le monopole presque exclusif des Américains. On y rencontre aussi des requins, des marsouins, et une espèce d'énorme brochet de mer. On y pêche le thon, la raie, le rouget, le balaou, l'orphi, dont la mâchoire forme à elle seule le quart de la longueur ; la bonite, la dorade, ce poisson aux formes élégantes et aux couleurs diaprées qui changent mille fois dès qu'on l'a retiré de l'eau. La galère, cette vessie qui semble inanimée, y sécrète son poison violent ; le poisson volant y prend ses ébats, trop souvent interrompus par la dent vorace d'un congénère peu scrupuleux, ou vient quelquefois, trahi par ses forces au milieu d'un bond mal calculé, tomber et expirer sur le pont d'un navire mouillé dans la rade.

À la Martinique, les huîtres et les écrevisses sont abondantes et savoureuses. Les crabes n'y manquent pas non plus.

Signalons encore les tortues de mer, dont la chair est un aliment délicat, la carapace une matière industrielle précieuse, et les petites tortues de terre, assez insignifiantes, qu'on nomme *molokoies*.

Les animaux domestiqués sont les mêmes qu'en France, et les animaux sauvages sont peu nombreux. Ce sont le *manicou*, l'*agouti* et le *rat musqué*.

Le *rat musqué*, remarquable par la petite poche qu'il possède et qui sécrète une liqueur fortement imprégnée d'odeur de musc, est connu de nos lecteurs ; son espèce est du reste répandue à profusion dans l'Amérique du Nord.

L'*agouti* est un rongeur, de la famille des caviens, dont on connaît trois espèces : l'*agouti simple*, l'*agouchi* et l'*agouti huppé*. Les agoutis sont de jolis animaux, de la taille et presque de la forme de nos lapins. Ils vivent dans les bois, mais ne se creusent pas de terriers préférant se retirer dans les troncs d'arbres creux. Ils se nourrissent d'écorces et de fruits ; on les considère comme un gibier précieux, car ils fournissent des rôtis succulents, fort appréciés des gourmets.

Le *manicou* est un animal du genre sarigue à oreilles bicolores. Il a le museau assez semblable à celui du sanglier, la queue raide et assez étendue, le poil rude et long, de couleur brun fauve. Les petits séjournent, pendant cinquante jours après leur naissance, dans la poche que le manicou femelle porte comme la sarigue. C'est un ennemi dangereux pour les oiseaux et les habitants des basses-cours.

Les rats ordinaires pullulent à la Martinique et la canne à sucre est leur aliment favori ; aussi leur fait-on une guerre acharnée avec des Bull-terriers. Il y avait même autrefois une prime par queue présentée. Les serpents en détruisent aussi de grandes quantités.

Malheureusement, l'auxiliaire est pire que l'ennemi, et nous voici amenés à parler de ce qui constitue une véritable plaie à la Martinique.

On y rencontre une grande quantité de reptiles venimeux de toutes les tailles et de toutes les couleurs. Les plus communs sont les *trigonocéphales*, dénomination générale sous laquelle se rangent cinq ou six espèces de serpents à la tête triangulaire, extrêmement dangereux, parmi lesquels se distingue surtout la vipère *fer de lance*. Sa piqûre est mortelle, et presque sans remède. On prétend que les *nègres charmeurs* ou *panseurs* s'enduisent les mains et le corps d'un jus qu'ils tirent de la racine du citronnier mâchée ; mais nous ne conseillerions à personne d'expérimenter la vertu plus ou moins réelle de ce spécifique. Le moyen le plus efficace que nous ayons vu employer par les nègres consiste à sucer immédiatement la plaie ; mais le danger n'en est pas moins très grand, car la moindre écorchure dans la bouche de l'opérateur suffit pour provoquer un empoisonnement presque foudroyant. Par malheur, ce n'est pas seulement dans les campagnes que l'on est exposé aux morsures fatales. Au mois d'août 1876, nous avons vu tuer dans une des rues les mieux fréquentées de Saint-Pierre, où il y a plusieurs pensionnats de jeunes filles, une femelle pleine de vingt-cinq serpenteaux.

Nous lisons dans le *Propagateur de la Martinique* du 28 octobre de la même année : « On n'a jamais vu tant de serpents ni si gros, et si l'on ne se décide à leur faire une guerre sérieuse, ce n'est pas seulement dans les bois, dans les champs de cannes, sur les grands chemins que ces immondes et malfaisantes bêtes seront redoutables, non elles envahiront nos villes en maîtres, et on se rangera sur leur passage, en leur tirant le chapeau à distance, comme aux grands seigneurs d'autrefois. »

Viennent alors des citations de nombreux accidents, *suivis de mort*. Nous aimons mieux ne rapporter ici que l'aventure suivante, qui s'est terminée d'une façon moins tragique :

« Il y a quelques jours, M. Gr… directeur par intérim du Jardin des Plantes, venait de faire visite à un voisin, M. Ma… avec ses deux enfants, et un jeune homme tenant un fanal, car la nuit commençait. Tout à coup, sur l'avenue qui a deux mètres environ de largeur, il aperçut un serpent qui barrait totalement le passage, sans qu'il fût possible de distinguer la tête de la queue, les extrémités étant dans les herbes des deux côtés. Sachant que les coups sont plus terribles près de la tête, il frappa là où il la croyait. Malheureusement, il avait frappé la queue ; aussitôt, le monstre se redressa, cherchant à s'élancer sur lui. Le jeune homme qui portait le fanal s'étant éloigné, le pauvre père resta dans l'obscurité, poussant ses deux filles derrière lui de la main gauche, et de la droite s'escrimant avec son bâton contre le reptile, qui finit par disparaître, et qui est mort peut-être, mais qui peut-être aussi est vivant, bien que le bâton soit taché de sang. Or, la maison qu'habite M. Ma… est à cinquante pas du repaire du monstre, et il y a cinq ou six petits enfants qui jouent là, toute la journée, etc… »

Pointe du Carbet, près de Saint-Pierre.

En résumé, la Martinique paie chaque année un tribut de victimes à ces Minotaures. Tout le monde n'est pas mordu, c'est évident, mais tout le monde supporte mille vexations diverses à cause de cet ennemi redoutable. Il vous prive des promenades nocturnes, vous empêche de poser le pied dans les herbes ou de vous asseoir dans les champs, vous oblige à tenir toujours le milieu de la route, vous empoisonne le plaisir si grand des bains de rivière, car il est bien avéré que le serpent se cache sous les pierres pour pêcher ; on hésite même, quand on a l'innocente fantaisie de cueillir une fleur ou un fruit, car le serpent aime à se cacher sur les arbres et les arbustes, depuis les jours primitifs du Paradis terrestre. Enfin l'on ne peut même pas goûter en paix les douceurs du sommeil, car la colonie abonde en récits, à faire dresser les cheveux sur la tête, sur le danger qu'ont couru des enfants dans leur lit, couchés sur des serpents qui les auraient mordus au moindre mouvement, si la tendresse maternelle n'avait trouvé le moyen, presque miraculeux, de les enlever sans toucher à l'horrible bête endormie. Est-ce vivre cela ?

Nos lecteurs se demanderont comment les habitants de la Martinique n'ont pas fait cesser immédiatement un état de choses aussi déplorable. Si un département français avait le malheur d'être ainsi infesté de monstres, on voterait immédiatement une prime considérable par chaque tête de serpent détruit, et de plus on y acclimaterait d'autres animaux destinés à détruire les premiers. Quoi de plus facile que de transporter à la Martinique quelques couples de ces vaillants oiseaux du cap qu'on nomme indifféremment *secrétaires* ou *serpentaires* ! Secrétaires parce qu'ils ont un bouquet de plumes occipitales s'allongeant en arrière de la tête et simulant assez bien la plume que les commis aux écritures ont l'habitude de mettre sur l'oreille droite ; serpentaires, à cause de la guerre acharnée qu'ils font aux reptiles. Démarche lente et majestueuse, œil brillant de l'oiseau de proie, bec recourbé servi par de puissants ressorts, corps de vautour monté sur de longues pattes, tel est ce magnifique échassier. Dès que le secrétaire aperçoit un serpent, il fond sur lui et le fixe au sol de ses griffes puissantes ; le reptile se redresse, siffle, lui mord les pattes ; mais il ne peut entamer sa peau rugueuse, et il est bientôt haché en quelques coups de bec. Le serpentaire est en outre un grand destructeur de rongeurs, et il aurait encore droit de cité, à ce titre, dans les champs de cannes à sucre. Pourquoi donc les habitants de la Martinique n'en font-ils pas immédiatement venir une centaine ?

Nous avions promis une preuve irréfutable de la paresse, de l'incurie des créoles, nous ne pouvons en donner de meilleure, puisque nous les montrons ici laissant en danger chaque jour, et par pure apathie, non seulement leur propre vie, dont ils peuvent faire bon marché, mais encore celle de leurs femmes, de leurs enfants, sans parler de celles de malheureux cultivateurs à leur service. C'est là une indifférence qui ne tend à rien moins qu'à rendre inhabitable un des plus beaux pays du monde.

Mais nous nous sommes assez étendu sur ce triste sujet, laissons de côté les reptiles et parlons des oiseaux.

On retrouve d'abord à la Martinique presque tous les oiseaux de France. Ceux qui sont particuliers, sinon à l'île même, du moins aux Antilles françaises, sont les suivants : les gobe-mouches, qui se rapprochent beaucoup de l'ibis ; les hérons crabiers ; quelques flamands, mais assez rares : les frégates, oiseaux dont les ailes atteignent jusqu'à huit pieds d'envergure. Pendant l'hivernage, des vols considérables de pluviers viennent s'abattre dans l'île, et deviennent aussitôt la cible des chasseurs ; ils ne sont pourtant qu'un butin peu désirable, harassés et amaigris déjà par les fatigues d'une route parfois très longue et toujours très tourmentée. Citons encore les colibris et les oiseaux-mouches, ces joyaux animés de l'écrin des Antilles, si proches parents entre eux que les mêmes compliments et les mêmes reproches peuvent s'adresser aux uns et aux autres. Ce sont les plus petits des oiseaux. L'émeraude, le rubis, la topaze, a dit Buffon, brillent sur leurs habits. Ils ne les souillent jamais de la poussière de la terre, et, dans leur vie aérienne, on les voit à peine toucher le gazon par instants. Ils sont toujours en l'air, et vivent du nectar des fleurs que leur permet de pomper l'organisation particulière de leur langue. Mais leur petite taille et leur grâce brillante ne les empêchent pas d'avoir un naturel des plus emportés ; ils se battent entre eux avec acharnement et ne cessent de becqueter le chasseur qui s'en est rendu maître. Enfin, le plus remarquable de tous est peut-être l'oiseau moqueur, car à un plumage aussi magnifique il joint une voix qui n'est pas sans agrément. Sa robe est d'or, de pourpre et d'azur, et il semble poursuivre le voyageur égaré dans les bois d'accords qu'il module d'un ton vraiment railleur.

Viennent ensuite les insectes, qui sont innombrables à la Martinique, et des plus incommodes. Ce sont d'abord les *abeilles*, presque toutes à l'état sauvage. Aussitôt après le coucher du soleil, les *maringouins*, placés sur les pointes des hautes herbes, commencent un concert assourdissant. Plus insupportables encore sont leurs frères les *moustiques*.

Dans l'intérieur des habitations, nous trouvons les *ravets*, insectes coléoptères, longs à peu près d'un pouce, dont l'odeur forte est encore plus désagréable que celle de la punaise. Ils volent audacieusement de tous côtés, pénètrent dans les armoires et les bibliothèques, rongent le linge et les livres, vont partout se multipliant, infectes et dégoûtants. Les variétés de fourmis sont si nombreuses que le moindre aliment oublié sur une table est immédiatement pris d'assaut, et sur les habitations il faut parfois se défendre d'envahissements subits qui prennent les proportions de véritables invasions.

Nous ne saurions oublier le *scorpion*, la *bête à mille pieds*, hideux scolopendre dont la piqûre occasionne une brûlure cuisante, suivie d'inflammation et souvent de fièvre. La *chique*, qui s'introduit sous la peau, y dépose une grande abondance d'œufs qui éclosent presque instantanément, et qu'on ne saurait, sans danger, négliger d'extraire aussitôt.

Terminons par un insecte plus gracieux, la *luciole*, qui, dans le patois créole, répond au doux nom de *la belle* ou *clindindin*. Ses yeux phosphorescents projettent une clarté verdâtre, d'un effet saisissant quand elle voltige le soir dans les jardins.

La végétation de la Martinique, comme d'ailleurs celle de la Guadeloupe, est d'une richesse et d'une vigueur étonnantes. C'est en nous occupant de cette dernière colonie que nous étudierons le règne végétal aux Antilles. Nous ferons seulement exception pour le café, non point parce que la Martinique en produit plus que sa voisine (on verra plus loin la vérité à ce sujet, qui surprendra bien des gens), mais uniquement parce que cette île est la première où l'on introduisit la plante précieuse, et que c'est de là qu'elle se répandit dans les colonies voisines.

C'est des plateaux de l'Abyssinie qu'est originaire la plante à laquelle nous devons cette liqueur délicieuse, qui donne de l'énergie, stimule l'esprit et le pousse à la gaieté, qui « manquait à Virgile et qu'adorait Voltaire ».

Lorsque le commandant Clédieu quitta la France en 1727, Jussieux lui remit trois petits plants de café pour les introduire à la Martinique. La traversée fut pénible et longue ; quelques jours avant d'atteindre le but du voyage, l'eau manqua abord, et l'on fut obligé de réduire à la demi-ration matelots et passagers. Clédieu préféra souffrir de la soif que de laisser mourir les plantes qui lui avaient été confiées, et il se priva de sa ration d'eau pour les arroser. Cependant, sur trois plants, il eut la douleur d'en voir mourir deux pendant le voyage ; il ne put en sauver qu'un seul. C'est ce petit pied de café, cultivé avec soin par lui, qui produisit à la longue toutes les riches plantations des Antilles. Que de richesse et de bien-être dans ce seul arbuste confié aux soins d'un homme intelligent ! Pourquoi faut-il qu'aujourd'hui la négligence et la paresse des planteurs laissent dépérir cette plante précieuse au point qu'elle ne tardera pas à disparaître complètement de la Martinique ?

L'auteur du mal, qu'une longue incurie a rendu presque irrémédiable, est un simple puceron, qu'à l'origine il eût peut-être été facile de combattre victorieusement. On a bien fait quelques tentatives, mais comme on n'a pas remporté du premier coup un succès éclatant, on a tout abandonné ; et on a préféré se livrer exclusivement à la culture de la canne à sucre, peut-être à cause de l'espèce d'idée aristocratique qui s'attache là-bas au titre de sucrier.

Le *café Martinique* continue à jouir à Paris et dans le monde entier d'une réputation hors ligne. Combien peu de personnes pourtant peuvent se vanter d'avoir dégusté une tasse de ce café au goût exquis, au parfum délicieux ! Le nombre en est bien petit en France, et dans la colonie même, seuls les gourmets acharnés parviennent à se procurer une provision de cette précieuse fève, qui tend à disparaître tout à fait. L'immense majorité de la population boit du café importé des colonies voisines ; quant aux consommateurs de la métropole, on leur sert sous le nom de café Martinique du café de toutes les provenances, excepté de la vraie.

Le café que l'on rencontre dans les différents marchés avec l'étiquette *Martinique* — (nous pourrions en dire autant du rhum) — est en réalité du café *Guadeloupe*.

En Fouance et dans Paris, tout patout, dans boutique
Yo qua faire passé pour Café Martinique,

77

— (Qui pas dans moune encor), — Café
Guadiloupien
Qui sel qua validé et qui tout partout plein. »

Ce n'est pas d'aujourd'hui que la Martinique
bénéficie de la réputation de produits qui ne sont
pas les siens ; le fait date de l'époque déjà lointaine
où, de par la volonté de la métropole, toutes les
autres îles reconnaissaient la suzeraineté de « la
reine des Antilles ». Elle seule commerçait
directement avec l'Europe, et les denrées des
colonies voisines, en passant par ses ports,
prenaient assez naturellement son nom, qu'on leur a
conservé par la force de la routine.

Chapitre 3

La Guadeloupe

I.

Christophe Colomb a fait quatre voyages en Amérique ; c'est au second, le 4 novembre 1493, qu'il découvrit la Guadeloupe. Comme cette île, heureusement pour elle, n'offrait aucun vestige de filons aurifères, elle fut complètement négligée par les Espagnols. Il serait même permis de croire qu'on oublia pendant plus d'un siècle qu'elle avait été découverte ; c'est seulement en 1635 que les Français devaient en prendre possession : nous verrons au chapitre suivant dans quelles circonstances.

Les *Caraïbes*, qui seuls habitaient l'île lors du passage de Colomb, l'appelaient *Karukéra*. D'où le célèbre navigateur a-t-il tiré le nom de *Guadeloupe* ? D'après les uns, il voulut, en le choisissant, rendre hommage à Notre-Dame de Guadalupe, madone vénérée en Espagne, et sous les auspices de laquelle il avait commencé son voyage. D'après les autres, il fut seulement frappé de la ressemblance que présentaient les montagnes de l'île avec la Sierra de Guadalupe, dans les provinces de l'Estramadure.

Il existe une troisième explication, peu sérieuse à vrai dire, mais que nous rapportons parce qu'elle renferme un anachronisme assez amusant de certains auteurs espagnols. Ils racontent que le célèbre poète Lope de Véga jouissait en son temps d'une telle popularité qu'on en était arrivé à se servir de son nom même comme de l'épithète la plus élogieuse qui se pût trouver. On disait, par exemple, un château de Lope, une pierrerie de Lope, pour désigner un palais splendide, ou un diamant de très grande valeur. Or les premiers navigateurs qui passèrent dans notre île firent aux eaux douces qu'on y trouvait une telle réputation, que les galions espagnols revenant des Antilles eurent l'ordre de s'y arrêter pour faire de l'eau, et que, suivant la mode de l'époque, on appela cette eau délicieuse *Agua de Lope* ; de là serait dérivée par corruption l'appellation de Guadeloupe.

La vérité est que les eaux de la Guadeloupe sont exquises pour la plupart, et qu'un cours d'eau y porte encore le nom de rivière des Galions. Malheureusement cette ingénieuse étymologie pèche par un point capital : Lope de Véga ne vint au monde qu'en 1562, et sa réputation ne s'établit qu'à la fin du seizième siècle, c'est-à-dire plus de cent ans après que la Guadeloupe eût été découverte et baptisée.

La Pointe-à-Pitre après l'incendie de 1871.

La Guadeloupe se trouve située dans l'océan Atlantique, entre 15° 59′ — 16° 31′ latitude nord, et 63° 32′ — 64° 9′ longitude ouest du méridien de Paris. Sa circonférence est de 444 kilomètres, sa superficie de 160.252 hectares. L'île est divisée en deux parties inégales par un canal long de neuf kilomètres et demi, large de 30 à 120 mètres, qu'on appelle la *Rivière salée*. Comme ce bras de mer est très sinueux et ne présente jamais plus de 5 mètres de profondeur, il n'est accessible qu'aux bâtiments de petit tonnage employés à la navigation intérieure. La portion de terre placée à l'ouest de la Rivière salée est la *Guadeloupe* proprement dite ; celle de l'est s'appelle la *Grande-Terre*. Nous appliquerons désormais chacune de ces appellations à la partie qui lui est propre.

La Guadeloupe mesure 180 kilomètres de tour, 46 de long, et 27 de large. Le sol, d'origine volcanique, est tourmenté et montagneux ; c'est là que se trouve notamment le volcan de la *Soufrière*.

La Grande-Terre, de forme triangulaire, a 95.631 hectares de superficie. Au contraire de la Guadeloupe, c'est une terre plate, d'origine calcaire et de formation récente ; on y remarque au nord les *Hauteurs de l'Anse-Bertrand*, plateau de 95 mètres d'altitude ; au sud les *Grands-Fonds de Sainte-Anne* petite chaîne de mornes taillés à pic, haute de 115 mètres en moyenne.

L'extrémité de la Grande-Terre se nomme Pointe-des-Châteaux ; c'est une langue de terre couverte de falaises. De ce point au port de la Pointe-à-Pitre, la côte méridionale est généralement basse. De la Pointe-Parry, la côte, profondément découpée, suit une direction sud, d'abord, jusqu'à la pointe de Capesterre, puis oblique au sud-ouest jusqu'à la pointe du vieux fort qui forme l'extrémité méridionale de la Guadeloupe. Elle se termine au nord par la pointe Allègre ; de ce point, elle s'infléchit au sud-est jusqu'à la Rivière salée, présentant des terres basses, couvertes de palétuviers ; puis le rivage remonte au nord pour aller former la pointe de la Grande-Vigie, extrême nord de la Grande-Terre. Une ligne de côtes basses, décrivant une grande courbe du nord au sud-est, va rejoindre la Pointe-des-Châteaux.

Citons, parmi les anses et les baies remarquables, l'*Anse-à-Pistolet* et la pointe des *Gros-Caps*, entre lesquels se trouvent les rochers du

Piton, de la *Porte-d'Enfer* et du *Souffleur*, dont les grottes vomissent à près de dix mètres la houle qui s'y engouffre ; l'*anse à la Barque*, la *pointe et l'anse des Corps*, l'*anse Sainte-Marguerite*, le *Moule*, le seul véritable port de la côte du *Vent* ; le rocher très caractérisé de la *Couronne* ; de nouvelles Portes-d'Enfer, un second Souffleur ; la *Pointe Malherbe*, l'*anse à l'Eau*, la *baie Sainte-Marie*, l'*îlet à Gourde* (10 m.), enfin, les roches magnétiques de la Pointe-des-Châteaux, semblables à de vieilles fortifications, cap oriental de la Grande-Terre.

Les principales montagnes de la Guadeloupe, qui forment une chaîne présentant à peu près la forme d'un Y, sont les suivantes. D'abord le massif de *Sans-Toucher*, 1.480 mètres, composé de quatre sommets : le *Grand* et le *Petit-Sans-Toucher*, le *Piton du Moustique*, et le *Morne Gourbeyre* ou *Matélyane*. Puis c'est la *Soufrière*, volcan encore en activité, plus élevé de 4 m. que le massif précédent. Viennent ensuite le *piton de Sainte-Rose*, 358 m., et la montagne du *Trou-au-Chien*, 440 m., qui se détachent symétriquement de la chaîne centrale ; la *Grosse-Montagne*, volcan éteint, 720 m. ; le *piton Baille-Argent*, 610 m. ; les *Mamelles*, les *Sauts de Bouillantes*, la *Madeleine*, etc. Presque tous ces pics sont des volcans éteints.

De ces montagnes descendent soixante-dix rivières ou cours d'eau. Elles sont très poissonneuses, mais deux seulement sont navigables : la *Lézarde* et la *Goyave*. Les plus importantes d'entre elles sont : le *Coin* ; la rivière de *Capesterre* qui, à sa sortie de la Soufrière, forme une magnifique cascade de 600 mètres ; la rivière des *Bananiers* ; la rivière des *Galions* ; la rivière des *Herbes* ; la rivière du *Bon-Goût*, qui débouche dans la Rivière salée ; enfin la *Grande-Rivière*, qui reçoit plusieurs affluents, est redoutable par ses crues irrégulières, et gagne chaque année une douzaine de mètres sur la mer par ses dépôts d'alluvions.

On rencontre à la Guadeloupe plusieurs sources minérales ; nous citerons les suivantes : les sources du Matouba, de Sophaia, de Saint-Charles, le Bain du Curé, la Fontaine *Bouillante à la lame*, etc....

Le sous-sol de la Guadeloupe contient le fer sulfuré, la manganèse, le basalte, l'ocre, la silice, l'argile que l'on emploie pour la poterie, la fabrication des tuiles et des briques, — la lave, que l'on utilise pour le pavage des rues, — et le soufre, que l'on ne se donne pas la peine de recueillir, parce que la Soufrière en produit trop peu.

Parmi les phénomènes qui jettent si souvent la perturbation dans nos colonies des Antilles, il en est un dont nous avons réservé l'étude pour la Guadeloupe, et dont le nom seul est redoutable.

Le tremblement de terre est un cataclysme dont nous ne rechercherons pas ici les causes, sur la nature desquelles la science n'est pas absolument fixée, mais qu'il est assez facile de décrire. Il consiste en mouvements convulsifs du sol. Ces mouvements se produisent soit dans un sens horizontal, et la terre a, dans ce cas, des ondulations semblables à celles de la mer ; soit dans un sens vertical, quand une partie du sol se soulève, tandis que l'autre s'enfonce ; soit enfin dans un sens circulaire, lorsque maisons, arbres, rochers, montagnes, etc., se mettent à tournoyer comme autour d'un invisible pivot. Rien n'annonce à l'avance la catastrophe qui se prépare. Sans doute le baromètre tombe tout à coup très bas, sans doute quelques animaux donnent des signes manifestes de terreur, sans doute enfin on entend un bruit mystérieux semblable au grondement d'un tonnerre souterrain ; mais au moment même où l'on constate ces accidents, le bouleversement de la nature a déjà commencé.

Un tremblement de terre qui aura toujours une triste célébrité dans les annales de la colonie, est celui qui se produisit le 8 février 1843, date à jamais néfaste !

Voici quelques extraits du rapport officiel adressé le jour même par le gouverneur :

« Basse-Terre, le 8 février 1843, 3 heures du soir.

« Un tremblement de terre dont la durée a été de *soixante-dix secondes* vient de jeter la Guadeloupe dans une consternation profonde. Cet événement a eu lieu ce matin, à 10 heures 1/2 environ......... Au moment où je vous écris, j'apprends que *la Pointe-à-Pitre n'existe plus*. Je monte à cheval, je vais me transporter sur le lieu du désastre. »

« Du 9, à 3 heures, à la Pointe-à-Pitre.

« La Pointe-à-Pitre est détruite de fond en comble. Ce qui a été épargné par le tremblement de terre a été dévoré par l'incendie qui a éclaté peu de moments après celui où les maisons se sont écroulées.

« Je vous écris sur les ruines de cette malheureuse cité, en présence d'une population sans pain et sans asile, au milieu des blessés, dont le nombre est considérable (on dit 15 à 1.800 !) et des morts (encore sous les décombres) qu'on porte à plusieurs milliers. L'incendie dure toujours.

« Tous les quartiers de la colonie ont souffert comme les dépendances. La ville du Moule détruite... Les bourgs de Saint-François, Sainte-Anne, Port-Louis, Anse-Bertrand, Sainte-Rose, ont été renversés......

« Signé : GOURBEYRE. »

Dans ce cataclysme, la terre avait le mouvement horizontal dont nous parlions plus haut ; elle allait par ondulations, de l'est à l'ouest, vers la mer. On assure également que la terre s'entr'ouvrit en plusieurs endroits, laissant voir d'horribles abimes d'où s'échappaient des flammes bleuâtres, mais qui se refermèrent presque aussitôt. La Soufrière perdit, dans ce bouleversement, le plus élevé de ses pitons, qui dépassait les autres de 29 mètres, et dont on ne retrouve plus que quelques débris.

Il fut impossible de combattre l'incendie, dont les nombreux barils de rhum consignés dans les magasins augmentaient encore l'intensité, parce que les pompes avaient été détruites ou perdues sous la chute des maisons qui les contenaient. Le nombre des morts, brûlés ou écrasés sous les décombres, fut de plusieurs milliers ; celui des blessés fut presque aussi considérable. On les jetait pêle-mêle sur des matelas, et les chirurgiens ne pouvaient suffire aux amputations multiples qu'il y avait à pratiquer ; leurs instruments émoussés, ils durent se servir d'égohines. Les détails horribles se pressent sous notre plume ; mais il est impossible de les reproduire tous. On entendait de toutes parts les appels désespérés des agonisants sous les décombres ; le père de l'auteur de ce livre demeura près d'un jour suspendu par une jambe prise entre deux pierres ; on trouva 23 jeunes filles écrasées côte à côte sous les ruines de leur pensionnat ; une autre, la fille d'un médecin très populaire, Mlle Amélie L., était devenue subitement folle et parcourait les ruines en criant : « Comment peut-on avoir peur d'un tremblement de terre ? est-ce que je ne suis pas dans la maison de ma mère ? »

Le malheur public fut encore augmenté par un nouveau fléau dont les conséquences possibles étaient fort redoutables : sous l'action d'un soleil de feu, les corps entassés de toutes parts entrèrent rapidement en décomposition et répandirent dans l'atmosphère une odeur pestilentielle ; il fallut verser de la chaux vive aux endroits où les plus gros essaims de mouches signalaient la présence d'un plus grand nombre de cadavres.

On trouva, en déblayant les décombres, une grande quantité de pièces d'or et d'argent, les unes intactes, les autres transformées en lingots.

Il se rencontra des pillards qui, mettant à profit cet horrible désastre, emplirent leurs poches de doublons. Ils furent arrêtés, et nous sommes heureux d'avoir à constater que c'étaient, pour la plupart, des matelots étrangers.

À part ces malfaiteurs, tous les hommes restés valides, depuis le gouverneur jusqu'au dernier marin, firent preuve d'un admirable dévouement.

Le gouvernement français accorda à la colonie un crédit de 2.500.000 francs, et des souscriptions s'ouvrirent de tous les côtés, même chez les nations étrangères, pour venir en aide aux victimes de la terrible catastrophe. Grâce à ces secours efficaces, la ville de la Pointe-à-Pitre sortit bientôt de ses décombres plus jeune et plus belle qu'auparavant.

II.
La Basse-Terre. — La Pointe-à-Pitre. — Les Îlets.

Les principales villes de la Guadeloupe, les seules peut-on dire, sont la Basse-Terre et la Pointe-à-Pitre.

La Basse-Terre est située à l'extrémité occidentale de l'île. C'est son chef-lieu, le siège du gouvernement, la ville des fonctionnaires. La Basse-Terre a été très éprouvée, elle fut saccagée et presque entièrement détruite par les Anglais en 1666, 1691, 1703 et 1759, — consumée en partie par l'incendie du 15 août 1782, — désolée par la guerre civile en 1794, 1802 et 1808, — enfin aux trois quarts renversée par les coups de vent de 1821, 1825 et 1865. C'est aujourd'hui une ville assez laide et fort triste ; dans bien des rues, l'herbe croit en toute liberté. Signalons cependant le *Cours Nolivos*, auquel le voisinage du port donne une certaine gaieté, et le *Champ d'Arbaud*, planté d'arbres magnifiques et bordé des principaux établissements publics de la colonie. On peut encore citer deux églises : *Notre-Dame de la Guadeloupe* et *Notre-Dame du Mont-Carmel*. Somme toute, la Basse-Terre ne doit son animation factice qu'à la présence des fonctionnaires, et deviendrait un véritable cimetière si le siège du gouvernement venait à être transféré à la Pointe-à-Pitre, comme il en a été plusieurs fois question. Nous ne donnons ici aucun détail sur l'administration, puisqu'il en sera traité dans un chapitre spécial.

La ville est arrosée par la rivière aux Herbes, déjà citée, et par les trois ravines à *l'Espérance*, à *Billaud* et à *Saint-Ignace*. Les habitants n'ont aucun respect pour les eaux de ces malheureuses ravines, qui charrient des débris bien singuliers.

La rade de la Basse-Terre est ouverte à tous les vents, et fréquemment bouleversée par les raz de marée pendant l'hivernage.

La Pointe-à-Pitre est située sur la pointe nord-ouest du Morne-Louis. Cette position la fit appeler le *Morne-Renfermé* jusqu'en 1772 environ ; mais, à partir de cette époque, la désignation actuelle prévalut, du nom du pêcheur hollandais Peters qui avait été un des premiers à bâtir là sa cabane.

Cette ville a été encore plus éprouvée que la Basse-Terre. L'énumération des ouragans, des coups de vent, des raz de marée qui l'ont bouleversée, serait trop longue ; elle fut détruite de fond en comble par un incendie en 1780, et en 1843 par un tremblement de terre que nous avons longuement décrit; près de 80 maisons furent dévorées par un autre incendie en 1850, et celui du 18 juillet 1871 n'a laissé debout que deux faubourgs.

La Pointe-à-Pitre est sortie chaque fois de ses ruines avec de nouveaux avantages. Elle forme le centre d'un mouvement commercial assez actif. Sa rade est une des plus belles du golfe du Mexique, où elle n'a guère de rivales que celles de la Havane et de Fort-de-France ; et encore ces dernières ne doivent-elles la sécurité dont y jouissent les bâtiments qu'à des travaux exécutés de main d'homme. Elle reçoit actuellement chaque année une centaine de navires de 500 tonneaux au minimum et un nombre infini de caboteurs ; mais nous espérons qu'elle ne tardera pas à prendre une importance beaucoup plus considérable aussitôt après le percement de l'isthme de Panama.

La Pointe, comme on dit aux Antilles, est une ville assez coquette, dont les rues, bien percées, sont bordées de maisons de bois à deux étages, quelques-unes fort belles. Citons parmi les principaux édifices les casernes, l'hôpital de la Marine, l'hospice Saint-Jules sur la route des Abymes, et le *musée l'Herminier*. Nous ne pouvons passer sous silence la *Place de la Victoire* : c'est un carré parfait, qui a un de ses côtés formé par la mer, et les trois autres par des allées de sabliers séculaires ; au milieu s'étend la *Savane*, sur laquelle s'élevait le théâtre, avec une jolie salle d'ordre corinthien ; ce monument a brûlé isolément en 1883.

Il faut mentionner encore, non comme édifices, mais comme lieux de réunion ayant bien leur côté pittoresque, le marché et la poissonnerie. C'est là que les cuisinières se rendent à la provision ; le moindre détail sert de prétexte à des batailles ou à des disputes homériques.

Une des incommodités de la Pointe, c'est le voisinage du *canal Vatable*, canal qui ne sert absolument à rien et qui est un véritable foyer d'infection. Il a été décidé en principe qu'on le comblerait ; mais la dépense est évaluée à un million, et les moyens budgétaires de la colonie n'ont pas permis jusqu'ici de commencer les travaux.

On peut citer encore comme troisième ville de la Guadeloupe, *le Moule*, seul port qu'on rencontre sur la côte orientale de la Grande-Terre. La ville a 11.000 habitants ; on y remarque quelques établissements de commerce et plusieurs usines centrales.

Les principaux bourgs sont : *Saint-François*, *Sainte-Anne*, *Gozier*, le *Canal*, le *Port-Louis*, l'*Anse-Bertrand*, *Grippon* ou *Bardeaux-Bovry*, *Morne-à-l'Eau*, etc., à la Grande-Terre ; le *Petit-Bourg*, la *Baie-Mahault*, le *Lamentin*, *Sainte-Rose*, la *Capesterre*, la *Pointe-Noire*, les *Trois-Rivières*, *Baillif*, *Bouillante*, *Dolé*, les *Habitants*, le *Vieux-Fort*, etc., à la Guadeloupe proprement dite.

Les créoles, et principalement les femmes, quittent aussi souvent que faire se peut les villes, où

91

la température est élevée, comme nous l'avons vu, pour aller *en changement d'air*. Les déplacements se font un peu partout, sur les hauteurs ; mais les endroits les plus fréquentés sont d'une part les îlets, et d'autre part les différentes sources que nous avons signalées en énumérant les richesses minérales de la Guadeloupe. En outre, on va rarement au Camp-Jacob et au Matouba sans faire par la même occasion une excursion à la Soufrière.

Le genre de la villégiature aux îlets varie suivant le nombre et l'humeur des familles qui s'y rencontrent. Parfois l'existence y est calme et paisible comme la mer endormie qui chante aux rochers de la côte sa plainte monotone ; parfois, au contraire, comme cette mer encore, quand un vent de tempête bouleverse ses flots bleus, la vie y est agitée, tumultueuse. Les nuits s'y passent en jeux de toutes sortes, en danses interminables, en pêches aux flambeaux ; les jours se suivent et se ressemblent par la quantité des plaisirs que chacun d'eux apporte.

Pour se rendre de la Pointe-à-Pitre à la Basse-Terre, trois moyens de transport sont offerts aux excursionnistes : la diligence, les bateaux à vapeur de la compagnie Debonne, et les caboteurs. Cette dernière voie est des moins sûres. C'est une légendaire histoire, à la Pointe, que celle d'un certain nombre de dames de la ville qui, devant aller au bal à la Basse-Terre, prirent passage à bord de *l'Actif*, capitaine X... Le malheureux bâtiment justifia bien mal son nom, car, pris par des courants contraires, chassé par le vent, il fut obligé de tenir *un mois* la mer, et finalement de relâcher à Saint-Thomas.

Quand on se rend à la Soufrière, on commence par gravir le *Crève-Cœur*, le bien nommé. Au-dessus s'étend le plateau du Matouba, lieu unique dans le monde, avec ses cinq tentes de verdure superposées l'une à l'autre : au-dessus du caféier, le bananier jette comme une mante sa feuille de satin vert ; l'oranger, plus haut, balance ses pommes d'or ; plus haut encore, les élégantes colonnettes du bambou dressent leurs feuilles étroites, longues et droites comme un faisceau d'épées ; enfin, au-dessus de tout ce peuple murmurant, le palmiste, ce géant grêle, agite sa frémissante chevelure.

À droite et à gauche de la route qui mène à la rivière *Rouge*, des habitations charmantes s'offrent de toutes parts, au milieu de jardins coquets et d'arcades de verdure.

Partout on respire une odeur fraîche et capiteuse. « Les mille encensoirs des roses, dit M. Rosemond de Beauvallon, unissent leur griserie troublante, corrigée par les suaves émanations des plantes vertes, par les délicates douceurs des bégonias, des gloxinias, des kalmias, cette pluie d'étincelles blanches et roses brillant dans un feuillage sombre et délicat comme la plume. »

Du point qui unit les deux Matouba, celui de la montagne et celui du plateau, on admire « les eaux fraîches, limpides et abondantes de la rivière Rouge, la reine des rivières de la Guadeloupe. De ce point on les voit tomber en cascades sonores, s'étendre en bassins transparents, et aller, dans leur course vagabonde, se séparant, se réunissant, se séparant encore, pour former de riants îlots semblables à des corbeilles de verdure nageant sur les ondes ».

Mais qui dira la sensation éprouvée lorsqu'on se plonge dans ces eaux qui, sortant de la montagne, sont pures et glacées ? Un seul mot peut la rendre : c'est un « supplice délicieux » !

Une partie à la Soufrière n'est pas chose facile à préparer, quoique bien des gens y montent au débotté et sans aucune précaution ; mais ils peuvent dire au retour ce qu'ils ont eu à souffrir et combien peu ils ont profité de leur excursion.

Lorsqu'il y a des dames surtout, il faut avoir le soin de s'adresser à quelques personnes ayant l'habitude de ces parties. Alors, si les fatigues sont les mêmes, les dispositions prises évitent les écoles et rendent moins pénibles les voyages et les haltes.

La première chose est de faire construire un bon ajoupa aux *Bains jaunes*. Ensuite il faut constituer d'abondantes provisions en liquides aussi bien qu'en solides, et ne pas négliger les éléments du coucher, c'est-à-dire des laines et des molletons en suffisante quantité. Chaque voyageur doit se munir de deux vêtements, également chauds : l'un léger pour l'ascension, l'autre plus lourd pour le coucher. Mais l'essentiel est d'être irréprochablement chaussé.

On doit choisir comme porteurs des hommes vigoureux, sobres, et se bien garder de mener avec soi des novices ou des ivrognes.

De l'entrée des bois aux *Bains jaunes*, le chemin est plein de crevasses et de troncs d'arbres tombés en travers. On chevauche au hasard par une voie à peine tracée, qui, à tous les désagréments des sentiers de montagnes, joint celui encore plus grand de ne pas courir en ligne droite.

On gravit d'abord le morne Goyavier, qui semble ne plus finir, puis on attaque la *Savane à mulets*, ainsi nommée parce qu'aucun animal de cette espèce n'y a jamais brouté.

Cette partie de la route est si dépourvue de verdure et d'originalité que l'œil se fatigue vite à suivre un développement plat et uniforme ; mais le pied rencontre à chaque instant des flaques d'eau boueuse où il s'enfonce et des racines contre lesquelles il se heurte. L'air fétide de ces eaux croupissantes remplace la bonne odeur des bois ; et aux chansons variées des oiseaux succède les cris monotones et incessants de la gent amphibie.

Après la Porte-d'Enfer on passe entre le volcan du Sud et le volcan Napoléon, dont on entend les sourds grondements, semblables au bruit d'un tonnerre lointain.

La Soufrière, avec sa plate-forme vaste et inégale surmontée de deux petites éminences, est au milieu de l'île, tirant un peu vers le midi. Son pied foule le sommet des autres montagnes. Le terrain, bouleversé en tous sens, est un composé de terre brûlée et de pierres calcinées ; il fume dans bien des endroits, et surtout dans ceux où il y a des fentes. Le plateau est partagé en deux par une énorme crevasse appelée la *Grande-Pente* ; ses deux bords sont reliés ensemble, en certains endroits, par des communications que la nature a établies et qui portent des noms différents ; ce sont le *Pont naturel*, le *Pont Chinois* et le *Pont du Diable*. Des hauteurs de cet Ararat, on contemple le paysage le plus varié, le plus riche et le plus étendu. On a sous les pieds, d'un côté, la rade et la baie de la Basse-Terre, puis la ville elle-même se groupant en amphithéâtre autour de sa jeune cathédrale ; de l'autre, le magnifique port de la Pointe-à-Pitre, et, comme une toile d'araignée, les mâts et les vergues de ses navires, dont les corps semblent des insectes noirs qui y seraient enlacés.

Aucun détail n'échappe à l'œil : voilà les îlets avec leurs cocotiers, et la Rivière salée avec ses sinuosités.

La vue embrasse par-dessus la cime des monts une vaste plaine de verdure où partout le palmier balance sa tête royale au-dessus des cultures qui succèdent à d'autres cultures.

Comme une carte de géographie, s'étalent aux regards les fertiles champs de cannes de la Grande-Terre, du Lamentin, de Sainte-Rose, de la Capesterre, enfin de la colonie entière. On découvre comme un chapelet égrené sur ses flots étincelants les Saintes, la Désirade, Marie-Galante, la Dominique, la Martinique, Mont-Serrah, Antigues, Nièvres et Saint-Christophe.

III.

*Habitations vivrières ; le manioc. — Le paradis des
gourmands. — Millevoye et l'Africaine. — Le
sucre. — Le rhum. — Les travailleurs;
l'immigration.*

Ce que nous allons dire du règne végétal de la
Guadeloupe s'applique également à celui de la
Martinique. Si nous avons placé de préférence cette
étude sous la rubrique Guadeloupe, c'est
uniquement pour réparer, autant qu'il dépendra de
nous, l'injustice commerciale dont cette île a
toujours été victime et que nous avons signalée
précédemment. Nous ne manquerons pas,
d'ailleurs, de faire au passage les quelques
remarques qui peuvent être spéciales à la
Martinique.

Pour bien étudier les productions multiples de
notre île, il faut les diviser en deux catégories :
productions de *petite culture* et productions de
grande culture.

Ce qui correspond à la banlieue maraîchère de
Paris porte aux Antilles le nom d'*habitations
vivrières*. À la Guadeloupe, elles se trouvent situées
principalement sur la route des Abymes, pour la
Pointe-à-Pitre ; aux environs de la Basse-Terre, plus
nombreuses parce que l'eau est plus abondante près
du chef-lieu, elles sont disséminées un peu partout,
mais se rencontrent de préférence sur la route du
Camp-Jacob.

Elles sont cultivées soit par des nègres, petits
propriétaires, soit par des ouvriers européens qui

ont fini par acquérir un lopin de terre, et qu'en patois du pays on appelle *blancs paubans*. Ils recueillent là toutes les racines si nombreuses du pays : des *patates*, espèce de pomme de terre douce, — des *ignames*, — des *malangas* ou *choux caraïbes*, — des *couscous*, — des *madères*, etc., farineux de la même famille, mais non sucrés ; de nombreuses variétés de pois ; presque tous les légumes connus en France, des *bananes*, etc. Ces légumes sont portés chaque matin à la ville par des nègres ou des négresses, qui placent leur chargement, suivant son importance ou la distance à parcourir, soit sur un bourrique bâté, soit dans une boîte plate découverte, nommée trait, mot qu'ils prononcent *tré*. Ce trait est simplement posé en équilibre sur un linge quelconque roulé en couronne sur la tête du porteur ; nègres et négresses sont d'une adresse extrême à ce genre d'exercice : ils arrivent à porter ainsi, sans aucun accident, même une bouteille remplie d'eau.

Deux plantes appartenant à la petite culture méritent une mention spéciale. C'est d'abord le tabac, qui malheureusement a été tout à fait négligé ; l'île n'en produit même pas assez pour la consommation locale. C'est ensuite et surtout le *manioc*.

De nombreuses erreurs ont été commises par presque tous les auteurs qui ont décrit la préparation du manioc ; voici *exactement* comment se pratique cette opération :

On recueille la racine, on l'épluche, on la râpe, et le produit ainsi obtenu est placé dans des sacs en feuille de latanier. Ces sacs sont d'abord mis à la presse, et l'on recueille, dans de grandes bailles, l'eau qui en découle. Cette eau est un poison des plus violents ; mais nous verrons tout à l'heure pourquoi on n'a garde de la laisser perdre. On répand ensuite la pulpe pressée sur une plaque de tôle recouvrant un four chauffé à petit feu, on la remue constamment avec des râteaux de bois, et lorsqu'elle est parfaitement sèche, elle constitue ce qu'on appelle la farine de manioc, Les habitants des colonies en consomment une grande quantité, car ils la mélangent à presque tous leurs aliments ; quant aux nègres, c'est cette farine qui constitue leur véritable pain.

Qu'est-ce maintenant que la *cassave*, que l'on confond souvent avec le produit précédent ? C'est une *friandise*, composée de la pulpe avant sa cuisson et du résidu déposé par l'eau que nous avons vu recueillir tout à l'heure.

Ce résidu prend le nom de *moussache*. Pur, il est employé comme amidon dans le pays ; préparé, il devient le tapioca.

Toutes les opérations que nous venons de décrire exigent un personnel assez nombreux, parce qu'elles demandent à être faites sans interruption et qu'elles ne se pratiquent que la nuit, pour les deux raisons suivantes : d'abord *grager* (râper) serait trop fatigant pendant la grande chaleur du jour, et ensuite cela détournerait les travailleurs d'occupations plus importantes. Aussi est-il d'un usage constant que les nègres des habitations voisines se réunissent, vers huit heures du soir, sur celle où l'on va travailler le manioc. C'est une véritable fête, car ceux qui viennent d'être relayés se reposent de leurs fatigues en chantant, en buvant du tafia et en dansant des *bamboulas*.

À notre avis, la culture du manioc devrait être encouragée aux Antilles ; la Guyane et le Brésil ont jusqu'ici le monopole de l'exportation du tapioca.

Les arbres fruitiers se rencontrent en nombre infini à la Guadeloupe et sont répandus dans toutes les parties de l'île. Les principaux sont les suivants : le *bananier*, qui comporte des variétés infinies : *bananes* proprement dites, qu'on mange le plus souvent cuites, et *figues-bananes*, qui se mangent crues (*figue-pomme*, *figue sucrée*, *figue-nain*, etc.) ; — *l'arbre à pain*, importé de Taïti ; — le *cocotier*, dont on ne connaît en France que l'amande sèche, mais dont la noix, cueillie un peu avant sa complète maturité, contient une eau et une crème délicieuses (*cocos à la cuiller*) ; — le *manguier*, sur lequel nous reviendrons plus bas ; — l'*oranger* et le *citronnier*, dont on compte de très nombreuses espèces ; — l'*abricotier*, dont le fruit, gros comme une tête d'enfant, a la propriété bizarre de donner la fièvre quand on en mange une certaine quantité ; — le *sapotiller*, à la forme pyramidale et au fruit justement renommé ; — l'*acajou*, qui porte deux fruits superposés : une pomme tantôt jaune, tantôt rouge, surmontée d'une noix à forme bizarre, qui, fraîche ou grillée, constitue un manger délicat ; — le *tamarinier*, au feuillage curieusement découpé, dont le fruit, généralement très acide, sert surtout à préparer des confitures ou des boissons ; — la *pomme rose* : la chair de son fruit a la couleur et le parfum de la rose ; — le *pommier de Cythère*, ainsi nommé sans doute parce que son fruit est délicieux, mais défendu par un noyau épineux tapi sous la pulpe, et que, si l'on y mord imprudemment, on le rejette aussitôt, les lèvres ensanglantées ; — l'*avocatier*, dont le fruit est une sorte de beurre végétal entourant un gros noyau appelé *procureur* : les gens de la Martinique disent : on mange l'avocat et on jette le procureur à la porte ; — le *palmier*, qui, lisse et droit, s'élance jusqu'à 30 mètres de hauteur ; les nègres ont le talent de se hisser jusqu'au front du géant, dont la tige nue est glissante comme un mât de cocagne, pour lui arracher sa fleur, et quelquefois aussi son bourgeon terminal, nommé *chou-palmiste* ; l'un et l'autre donnent une salade des plus délicates, mais d'un prix fort élevé, et malheureusement, quand le bourgeon a été arraché, l'arbre ne tarde pas à mourir. Quand cet accident s'est produit, il se développe à la base du tronc sans vie une multitude de vers blancs, à tête noire, courts et gros comme le pouce, qui ont à peu près l'apparence d'une chenille, et que les gastronomes intrépides recherchent avec avidité pour les manger en brochette. On assure que les vers-palmistes ont tout à fait le même goût que le chou et les fleurs, mais nous nous sommes toujours refusé à en faire personnellement l'expérience. — Citons encore le *pommier-cannelle* ; — le *goyavier*, le *papayer*, le *corossolier*, le *grenadier*, etc.

Mulâtresse de la Guadeloupe.

Il faut encore mentionner, d'une part, des arbres qui ont des propriétés médicales bien connues, comme l'*aloès*, le *cassier*, etc. ; d'autre part, des fruits qui ne viennent pas sur des arbres, comme la *barbadine*, la *pomme liane*, les *ananas*, etc.

Grâce au climat exceptionnel des Antilles, il n'y a jamais disette de fruits : chaque mois apporte les siens, et cette abondance dure d'un bout de l'année à l'autre. On le comprendra d'autant plus facilement quand on saura que tous les fruits viennent à l'état sauvage, sans être l'objet d'aucun soin. Deux seulement font exception à la règle : le mangot et l'ananas.

Le manguier est originaire de l'Inde : son fruit naturel, le *mangot*, est filamenteux et a un goût de térébenthine très prononcé ; mais il perd ses défauts par le moyen de la greffe, prend le nom de *mangotine* ou de *mangue*, et donne alors un manger délicieux sous les appellations de *mangue d'or*, *mangue Amélie*, *mangue divine*, etc. Les mangues de la Martinique sont particulièrement renommées. Le manguier n'est cultivé que comme arbre d'agrément.

L'*ananas* a mérité d'être appelé le roi des fruits. Sa culture a pris une grande extension dans les dernières années, et il est devenu un article d'exportation très demandé.

On peut encore citer comme relevant, de la petite culture les épices, telles que la *girofle*, la *cannelle*, le *poivre*, etc., qui malheureusement sont presque tout à fait délaissés.

Enfin, bien que ceci ne rentre pas dans notre classification, nous ne pouvons manquer de signaler au passage les forêts de la Guadeloupe, qu'on peut encore aujourd'hui appeler des forêts vierges, car les voies et moyens ont toujours manqué pour leur exploitation. C'est une source de grandes richesses que l'on néglige ainsi, car ces forêts contiennent des bois véritablement précieux : le peu qu'on a coupé suffit à le démontrer. La colonie a envoyé à l'Exposition universelle de 1878 106 échantillons de bois différents. Citons parmi les plus communs le *laurier-rose montagne*, le *noyer des Antilles*, l'*ébène verte*, très recherchés par l'ébénisterie.

Viennent ensuite le *callebassier*, qui fournit aux nègres de nombreux ustensiles de ménage ; le *fromager* ou *cotonnier mapore*, fort bel arbre, au bois mou et poreux, aux cônes cylindriques s'ouvrant en cinq valves capitonnées, d'une matière fine et soyeuse, couleur nankin ; le *gaïac*, dont le bois sans aubier, si dur qu'il émousse les instruments les mieux trempés, sert à faire des roues de moulins, et dont l'écorce bouillie donne un sudorifique très puissant ; le *campêche*, qui fournit une teinture noire ou violette ; le *courbaril*, à l'écorce noire et raboteuse, au bois résineux, très employé pour la charpente, et qui remplace quelquefois sur les navires, les cabilots de fer. Les *bambous* sont de véritables graminées, dont les chaumes noueux s'élancent en fusées dans les airs jusqu'à cinquante ou soixante pieds de hauteur ; bercés par la brise, ils chantent sans arrêt une chanson monotone, et les lianes sans nombre qui embrassent leurs troncs rendent leurs bouquets impénétrables. Les fougères arborescentes, les balisiers, les acacias, les caratas, les catalpas, etc., se joignent enfin à tous les précédents pour couronner d'une verdure éternelle les mornes et les montagnes de la Guadeloupe.

Faisons une place à part au *mancenillier* légendaire, dont l'ombre même passe pour être mortelle.

...L'insulaire tremblante
Alla s'asseoir sous le mancenillier,
Et commença d'une voix faible et lente
Ce chant lugubre *et qui fut le dernier*,

a dit Millevoye.

C'est un arbre de belle taille, qui ressemble assez, pour le port et le feuillage, à un noyer ou à un très grand poirier. L'histoire de l'*ombre* mortelle doit être mise sur le compte de l'exagération habituelle aux voyageurs ; mais il est certain que *toutes les parties* du mancenillier renferme un suc laiteux acre et caustique, qui constituent un poison violent. Le cœur de ce bois est dur, compact, admirablement veiné ; mais il n'a jamais été que peu employé, à cause des précautions qu'exige son exploitation, et aujourd'hui on le détruit à peu près partout où on le rencontre.

Disons en terminant qu'il ne croit qu'aux Antilles et dans les parties les plus chaudes de l'Amérique du Sud ; c'est par une pure licence poétique, et pour les besoins de la mise en scène, que les auteurs de l'*Africaine* ont placé un de ces arbres à Madagascar, où ils n'ont jamais existé.

Ce qui correspond aux fermes, aux exploitations rurales de France, s'appelle aux colonies une *habitation* ; c'est là que se cultivent ou se cultivaient le cacaoyer, le roucouyer, le caféier et la canne à sucre.

Le cacaoyer a le même port à peu près que le cerisier ; mais il est toujours couvert de feuilles et de petites fleurs inodores ; son fruit, qu'on appelle cabosse, a la forme d'un concombre, et cette capsule coriace, raboteuse, contient vingt-cinq à trente amendes qui sont le cacao proprement dit, base principale du chocolat. Il y avait autrefois beaucoup de cacaoyers à la Martinique ; mais ils ont été presque tous détruits par le tremblement de terre de 1737. Le peu de cacao qu'on y récolte aujourd'hui est généralement âcre et amer. Dans notre île, 800 travailleurs environ sont employés à la culture du cacao sur une centaine d'habitations situées presque toutes à la Guadeloupe proprement dite. Cette plante précieuse, qui donne deux récoltes par an, a été introduite aux Antilles, en 1664, par le Juif Dacosta ; elle mérite à tous égards d'être encouragée. En 1878, on en a exporté 233.813 kilogrammes ; mais il faut que ce chiffre augmente considérablement encore. Nous ne devons pas oublier que le cacao est un des principaux éléments de richesse à la Trinitad et au Venezuela.

Le roucouyer est une plante de l'Amérique méridionale, qui donne annuellement deux récoltes de petites baies renfermant des graines d'un rouge orangé. C'est la pellicule, séparée de la graine par des lavages successifs, qui fournit le *roucou*, essence tinctoriale et médicament fébrifuge. En 1883, on en a exporté 390.490 kilogrammes ; mais sa culture est intermittente et diminue chaque jour, parce que les nouvelles découvertes de la science tendent à faire baisser constamment le prix du roucou.

Le *cotonnier* est un arbuste dont la taille varie suivant l'espèce. Son fruit, appelé *coque* ou *gousse*, est une capsule ronde renfermant des graines noires perdues dans un flocon de duvet qui est le *coton*. Sa culture a été autrefois une des principales causes de richesse des Antilles ; mais elle a considérablement diminué depuis le xviiie siècle. En 1882, l'exportation a été seulement de 1.337 kilogrammes, et encore chaque kilo coûte plus qu'il ne rapporte. Les habitations cotonnières se trouvent principalement dans les communes du Baillif et des Vieux-Habitants ; on en rencontre aussi plusieurs dans les dépendances de la Guadeloupe.

Le *cafier* ou *caféier* est un petit arbre toujours vert, de vingt à trente pieds de haut, que les créoles plantent en allées. Ses rameaux opposés en sautoir forment une cime pyramidale, d'un aspect très pittoresque. Ses fleurs, qui naissent par paquets à l'aisselle des feuilles, répandent un parfum délicieux ; leur corolle, assez semblable à celle du jasmin d'Espagne, contraste agréablement, par sa blancheur, avec le vert sombre du feuillage ; mais elle ne dure que peu de jours. Le fruit est une baie de la forme et du volume du cornouille ; d'abord d'un beau rouge vermeil, il prend une teinte brune lors de sa parfaite maturité. Son intérieur renferme deux graines accolées face à face, et chacune d'elles n'est autre chose que ce qu'on appelle couramment un grain de café.

La récolte du café commence généralement en août et se termine en décembre. La Guadeloupe en produit environ de 7 à 800.000 kilogrammes par an.

C'est dans les caféières que pousse, sans frais ni soins particuliers, une orchidée odorante, que la suavité de son parfum fait rechercher pour la confiserie, les liqueurs, les entremets, etc. Nous avons nommé la *vanille*, que tout le monde connaît. La Guadeloupe, qui en produit chaque année pour près de 200.000 francs, trouverait là une précieuse ressource, si les planteurs voulaient bien laisser complètement de côté le vanillon et consacrer quelques soins intelligents à la *vanille du Mexique*.

La *canne à sucre* est aujourd'hui la base presque unique sur laquelle repose la fortune des Antilles : base bien chancelante, hélas ! et qui cause de cuisants soucis à nos compatriotes d'outre-mer.

La canne appartient à la précieuse famille des graminées. Les racines produisent à la fois plusieurs tiges articulées, lisses, luisantes, hautes environ de dix à douze pieds ; chacune d'elles porte de quarante à cinquante *nœuds* d'où sortent des feuilles longues de quatre pieds, larges d'un à deux pouces, dentelées sur leurs bords, d'un beau vert, dont une partie embrasse la tige, tandis que l'autre s'étend avec élégance en forme d'éventail. Ces feuilles tombent à mesure que la canne mûrit ; elles servent aux nègres pour la toiture de leurs cases, et les animaux s'en montrent aussi très friands. La tige de la canne à sucre se termine par un jet sans nœuds, nommé *flèche*, de quatre à cinq pieds, surmonté lui-même d'un panicule de vingt pouces, composé de ramifications aussi grêles que nombreuses, qui portent une multitude de petites fleurs blanches et soyeuses.

C'est dans les entre-nœuds que le sucre s'élabore. On voit que cette plante si précieuse est en même temps d'une grande magnificence : port majestueux de la tige, beauté du feuillage, élégance de la fleur, elle réunit tout. Sa récolte ne dure pas moins de cinq ou six mois, qui sont les premiers de l'année.

Habitation sucrière pendant la récolte.

La canne fait trois étapes dans les différents bâtiments d'exploitation, qui sont : les *moulins*, la *sucrerie*, la *vinaigrerie*.

Rien de particulier à dire des premiers, si ce n'est qu'ils sont mus, suivant les localités et la richesse de leurs propriétaires, par le vent, ou par des animaux, ou par l'eau, ou par la vapeur. La canne, coupée au pied, débarrassée de ses feuilles, est portée au moulin, où, pressée entre deux gros cylindres de fonte, elle rend un jus aqueux et sucré, le *vesou*.

Ce jus est conduit par un canal à la sucrerie, où on le recueille dans un bac.

La sucrerie tient au moulin. C'est généralement un bâtiment en maçonnerie, élevé et très aéré, qui contient des chaudières en fer, dont le nombre varie entre quatre et sept. Le vesou doit passer de l'une dans l'autre, et les chaudières étagées vont diminuant de diamètre et de profondeur à mesure qu'on approche de celle où il recevra la dernière cuisson. Leur ensemble constitue ce qu'on appelle un *équipage*.

Dans la première chaudière, on purifie le vesou au moyen d'un mélange de cendre et de chaux, et on l'écume.

La seconde se nomme *propre* ; pourquoi ? parce que le vesou n'y arrive qu'à travers une toile et déchargé de ses plus grosses impuretés.

La troisième s'appelle la *lessive*, du nom de la composition qu'on y jette pour purger le vesou et faire monter à sa surface le restant des immondices, qu'on enlève avec une écumoire.

La quatrième est le *flambeau* ; le vesou s'y purifie encore davantage, diminue, devient plus clair, et cuit à un feu plus vif, qui le couvre de bouillons transparents.

Il passe à l'état de *sirop* dans la cinquième chaudière, à laquelle il donne ce nom ; c'est là qu'il acquiert de la consistance, du corps.

Enfin, dans la sixième, il achève de se débarrasser de toute impureté, grâce à une nouvelle lessive de chaux et d'alun, et arrive au point de cuisson définitif. En approchant du terme de l'opération, il a des bouillons d'une telle violence qu'il se répandrait à terre, si on n'avait soin de l'aérer en l'élevant très haut avec une écumoire. Ce mouvement, qui pourrait faire croire de loin qu'on fouette le sirop, a valu à la sixième chaudière le nom de *batterie*.

Dans les sucreries à sept chaudières, il existe un grand et un petit flambeau ; dans celles à cinq, on ne trouve pas de lessive ; dans celles à quatre, le propre sert à la fois de lessive et de flambeau.

Le sirop est ensuite déversé, pour être cristallisé, dans d'énormes chaudières où l'on produit le vide. Enfin, par une dernière opération, le turbinage, on décolore et on dessèche les cristaux au moyen des toupies métalliques mues à la vapeur. « Rien de curieux, dit avec raison M. Gaffarel, comme l'aspect d'une sucrerie au moment du grand travail, de la roulaison. Chauffeurs qui jettent la bagasse sous les chaudières, écumeurs, décanteurs : c'est une mêlée étourdissante. Le bruit des cylindres, la ronde des turbines, les sifflements de la vapeur, le hennissement des chevaux et les chants des ouvriers qui reviennent de la plantation, tout se mêle et se confond. Pendant ce temps, les immenses cheminées de l'usine vomissent des torrents de fumée, et le directeur, le sucrier, comme on le nomme, escompte en espérance les produits de sa récolte. »

Jusqu'en 1843, on ne voyait aux Antilles que des habitations-sucreries, récoltant la canne et la transformant en sucre, accomplissant à la fois la production agricole et le travail industriel.

Le tremblement de terre de cette année terrible en détruisit un grand nombre, et c'est lorsqu'il s'agit de les reconstruire qu'on introduisit et généralisa les moulins à vapeur. Et ceci produisit une véritable révolution, qui n'avait pas été prévue dans toutes ses conséquences.

Cette entreprise fut vigoureusement poussée par une Société anonyme, patronnée par le gouvernement, la *Compagnie des Antilles*.

C'est elle qui établit les premières usines *centrales*, où les habitants, se contentant désormais de produire la canne, vinrent apporter leurs récoltes. Ébranlée par les événements de 1848, la Compagnie des Antilles fut dissoute, puis reconstituée sur une autre base en 1853. Elle s'appela alors *Société des Usines centrales de la Guadeloupe*.

En trois ans, cette Société avança 6.334.000 francs aux trois colonies à sucre. Elle ne devait pas tarder à augmenter considérablement le chiffre de ses opérations, car M. de Chasseloup-Laubat ayant autorisé la création du *Crédit Colonial*, elle fusionna avec lui en 1863. Il est incontestable que l'on doit à ce système la transformation de la plus grande partie de l'outillage industriel, que les usines centrales sont merveilleusement organisées et qu'elles apportent chaque jour de nouveaux perfectionnements à la fabrication du sucre. Mais en revanche les habitants prétendent que les usines, qui n'ont jamais cessé de leur faire des avances énormes dans les moments critiques, leur ont causé, somme toute, beaucoup plus de mal que de bien. L'usinier, à vrai dire, aide l'habitant le plus qu'il peut, car son intérêt est de ne pas produire la canne, mais de l'acheter, et d'expédier ensuite directement ses produits ; malheureusement, l'habitant, à force d'être aidé, finit par être pris dans un engrenage dont il est bien rare de le voir sortir entier. Il lui faut abandonner, sur le prix de sa récolte, tant pour l'amortissement du capital, tant pour les intérêts, tant pour les bénéfices, etc. ; si peu lui reste, que les ventes forcées se font de plus en plus fréquentes, et que chaque usine finit par devenir propriétaire de toutes les habitations qui l'entourent. Est-il besoin de dire que cet état de choses crée entre l'usinier et l'habitant un antagonisme profond et tout à fait funeste à l'intérêt général ?

À l'industrie du sucre se rattache celle de la *guildiverie*, nom donné à la distillerie où l'on convertit en rhum les écumes et les gros sirops. On l'appelle aussi *vinaigrerie*, nous ne savons pourquoi.

Usine Darbousier, à l'entrée du port, à la Pointe-à-Pitre.

Les ustensiles de la vinaigrerie consistent en bacs de bois qui s'imbibent de jus aigri, ce qui aide beaucoup à la fermentation ; en une ou deux chaudières avec leurs chapiteaux et leurs couleuvres ; une écumoire, quelques jarres, des pots, des cuvettes, etc. Le rhum est la liqueur tirée du jus de la canne ou vesou ; le *tafia* est une liqueur de même nature, mais provenant, du vesou qui n'a pu cristalliser, et qu'on nomme *mélasse*. Le tafia coloré, et de qualité supérieure, prend aussi le nom de rhum en vieillissant.

Cette industrie a suivi les progrès de l'industrie sucrière, et les hautes récompenses accordées en

1878 aux rhums de la Guadeloupe exposés montrent le degré de prospérité qu'elle a pu atteindre. Les rhums les plus appréciés sont ceux de MM. Lacaze, Pouncou (médaille d'or en 1878), Roussel-Bonneterre, Cherpuy (médaille d'argent), E. Le Dentu (médaille de bronze), etc.

Les industries moins importantes qui se rattachent aux deux premières, d'une façon indirecte, sont celle des conserves de fruits (les ananas notamment), celle des confitures, enfin celle des sirops et liqueurs. Citons les confitures de goyave, de shadek, de barbadine, etc. ; les sirops ou crème de noyau, de vanille, de monbin, de cacao, le vin d'orange, etc.

Les chiffres de production sont bien inférieurs à ceux que l'on atteignait autrefois. Les causes de cette décadence sont multiples et de natures fort diverses ; nous croyons néanmoins avoir signalé les principales en indiquant : l'antagonisme fâcheux qui existe entre les habitants et les usiniers ; l'absorption lente mais ininterrompue des premiers par les derniers ; l'élévation extravagante des droits qui pèsent sur les sucres ; enfin, le manque de bras, par suite de l'insuffisance de l'immigration.

Les travailleurs employés sur les habitations sont ou des nègres, soit du pays, soit de la côte d'Afrique (Congo) — ou des immigrants. L'immigration date de 1848. Après l'émancipation, les propriétaires cherchèrent vainement à retenir les affranchis ; il y eut divorce entre la propriété et le travail : la Guadeloupe, par exemple, qui avait produit 38 millions de kilogrammes de sucre en

1847, vit le chiffre s'abaisser à 20 millions en 1848 et à 17 millions l'année suivante. Il fallait aviser immédiatement, on fit appel aux immigrants.

Les fils de l'aventureuse Gascogne et des Pyrénées accoururent les premiers ; mais on ne tarda pas à reconnaître que le travail de la terre est interdit à l'Européen sous le ciel des Antilles ; on demanda des travailleurs à Madère, et deux cents ouvriers furent ainsi introduits en 1854. — Qu'est-ce que cela ? Madère, épuisée déjà par l'émigration de ses enfants dans les colonies anglaises, dut bientôt nous refuser des bras. On eut alors recours à l'Inde, à l'Afrique, à la Chine, et diverses compagnies furent chargées d'opérer le recrutement. Les expériences furent aussi malheureuses que nombreuses, et l'on n'a plus recours aujourd'hui qu'à l'élément indien.

Une convention signée le 1er juillet 1861 entre la France et l'Angleterre a réglé le mode de recrutement, d'introduction et de rapatriement des travailleurs.

Le contrat est volontaire, et ne peut excéder une durée de cinq années. Un agent français, agréé par le gouvernement anglais, préside aux engagements d'après le règlement établi pour le recrutement des travailleurs destinés aux colonies anglaises. Le rapatriement de l'Indien, alors même qu'il s'est rengagé et a de ce chef touché une prime, — celui de sa femme, de ses enfants nés aux colonies ou ayant quitté l'Inde avant l'âge de dix ans, — est à la charge du gouvernement français. Le mari ne peut être séparé de sa femme ni de ses enfants.

L'Indienne peut passer d'un patron à un autre sans le consentement du premier. Un agent britannique exerce dans chaque colonie une surveillance spéciale, reçoit les réclamations et préside aux départs qui ont lieu du 1er août au 15 mars ; un médecin et un interprète accompagnent le convoi ; les conditions hygiéniques à bord sont sévèrement réglementées. Enfin, le traité que nous résumons peut être dénoncé chaque année.

Divers décrets ou arrêtés règlent ensuite la situation de l'Indien dans l'intérieur de la colonie. Les heures de travail, la nourriture, les soins médicaux, les conditions du logement, etc., sont soigneusement déterminés. Un personnel spécial, divisé en service d'inspection et service sédentaire, et des syndicats protecteurs veillent à l'observation des règles édictées. Un propriétaire n'a droit qu'à dix coolies par convoi, au maximum, et celui qui manque à ses engagements ou exerce des sévices contre ses Indiens ne reçoit plus d'immigrants.

L'Indien coûte environ 500 francs de frais d'introduction ; la moitié de ces frais est à la charge du budget, l'autre moitié à la charge de l'engagiste. Le rengagement, qui a lieu devant le maire et le syndic de l'immigration, revient à la colonie à 244 francs, et l'engagiste débourse de 200 à 250 fr.

La journée de l'Indien, suivant l'étude faite par une Commission présidée par M. de Chazelles, revient à 2 fr. 10, en tenant compte de la prime payée, de la nourriture, des vêtements, des soins d'hôpital, des non-valeurs et de la mortalité.

Résumons maintenant les opinions les plus importantes pour et contre le maintien de l'immigration. Au point de vue social, disent les uns, on introduit dans la colonie une race nouvelle, infectée de vices, susceptible d'amener avec elle le choléra asiatique ; au point de vue économique, on détourne la population indigène de la culture du sol, on néglige la recherche d'instruments perfectionnés, on fait concurrence au travail indigène, et l'on distribue aux coolies des salaires qu'ils emportent au loin, on met la production à la merci d'une puissance étrangère qui peut dénoncer le traité ; enfin l'Indien est payé par tous, et un petit nombre profitent de son introduction, etc., etc.

Les partisans de l'immigration répondent : les habitants du pays, pour des causes diverses, fournissent à la culture un nombre de bras infiniment trop restreint ; faut-il donc, en l'absence de travailleurs créoles, laisser la grande culture péricliter et disparaître ? L'immigration ne fait pas concurrence au travail créole, ce dernier étant toujours préféré ; les salaires n'ont pas baissé depuis l'introduction des immigrants, ils ont au contraire augmenté progressivement, et le journalier créole gagne maintenant 1fr.75 par jour et gagnerait davantage, si la régularité de son travail était assurée. L'introduction de l'Indien est, à vrai dire, payée en partie par le budget, mais tous en profitent ; d'ailleurs, les charges du budget tombent surtout sur la grande propriété.

Au point de vue social enfin, l'immigration arrache à la famine toute une population qui périrait sans cela ; une sage proportion des sexes peut diminuer les vices reprochés ; les précautions sanitaires rendent illusoire la menace du choléra asiatique, etc., etc.

À ces deux écoles, dont l'une demande la suppression complète de l'immigration, l'autre son maintien et son élargissement, s'en ajoute une troisième, qui, sans repousser l'immigration, demande qu'elle soit libre et ne figure plus au budget colonial.

Nous avouons ne pas même comprendre comment l'on peut discuter la question, et voici notre opinion brièvement formulée :

Quels sont les seuls travailleurs aux Antilles ? les immigrants.

A-t-on trouvé quelqu'un ou quelque chose pour les remplacer ? personne — rien.

Les Antilles françaises sont aujourd'hui bien affaiblies ; supprimez l'immigration, elles sont mortes.

Chapitre 4

Marie-Galante

Marie-Galante ou *Galande* est la plus grande des dépendances de la Guadeloupe. Elle fut découverte par Christoph Colomb à son second voyage, en 1493, d'après certains auteurs ; au troisième seulement, en 1494, d'après certains autres. Nous nous rangeons à la première opinion.

Son nom est probablement celui du navire qui portait Colomb, à moins qu'elle ne le doive à l'impression agréable qu'elle produisit sur l'esprit de l'illustre voyageur.

Son histoire peut tenir en quelques lignes. Occupée pour la première fois par des Français en 1647, prise et reprise plusieurs fois par les Anglais ou les Hollandais, restituée définitivement à la France en 1763, au traité de Paris, elle a constamment subi les mêmes vicissitudes de fortune que sa sœur aînée, la Guadeloupe. Marie-Galante est située à 27 kilomètres sud-ouest de la Capesterre, à 48 kilomètres sud de la Pointe-à-Pitre, par 16° latitude nord et 63° 30′ longitude ouest, entre la Guadeloupe et la Dominique, dont elle est séparée par un canal de 33 kilomètres.

L'île, de forme arrondie, a 87 kilomètres de tour, et compte environ 16.500 habitants.

Elle appartient au même soulèvement volcanique que la Guadeloupe. Ses côtes sont bordées par de hautes falaises qui surplombent à pic l'Océan, de la *pointe du Nord* à la *pointe du Gros-Cap*, au sud-est, et par des plages de sable depuis la pointe Saragot. Elles sont défendues presque partout par plusieurs rangs de cayes, récifs à fleur d'eau qui rendent l'abordage des plus dangereux, et sur lesquels, même par les temps les plus calmes, les lames se brisent avec un bruit terrible. L'extrémité méridionale de l'île est marquée par la *pointe des Basses*.

Marie-Galante a une petite chaîne de mornes qui ne dépasse pas 205 mètres d'altitude, mais qui envoient presque jusqu'à la côte de nombreux contreforts. Ils s'étagent du nord au sud en formant deux plateaux. De ces ondulations de terrain s'élancent une foule de ruisseaux, dont les lits sont le plus souvent à sec, mais qui se transforment pendant l'hivernage en torrents impétueux. Citons entre autres la rivière du *Vieux-Port* et la *rivière Saint-Louis*. Ses habitants ne peuvent compter sur ces auxiliaires capricieux, et l'on a dû, pour suppléer à leur insuffisance, creuser de vastes citernes où s'emmagasinent les eaux de pluie.

Le sol de l'île est d'une grande fertilité. Du sommet des collines descendent vers la plaine de vertes et vigoureuses forêts, où se pressent des arbres aux riches essences tinctoriales, et les vallées produisent du tabac, de l'indigo, etc. La culture de la canne à sucre a remplacé presque complètement celle du café, qui fut la principale jusqu'en 1789.

C'est à tort, on le voit, que les colons des îles voisines se permettent de plaisanter les habitants de celle-ci sur une pénurie de produits végétaux qui n'existe que dans leur imagination. À les en croire, il ne pousserait à Marie-Galante que des sapotilliers, et, dans le langage familier, c'est une injure plaisante à faire à un Marie-Galantais que de l'appeler *mangeur de sapotilles en daube*. Le sarcasme est assez comique, mais il porte à faux.

Dans la partie sud-ouest, malheureusement marécageuse et malsaine, on rencontre de riches pâturages où s'élève d'elle-même et dans une liberté presque absolue, une race particulière de petits chevaux justement renommés. Le Père Labat disait de Marie-Galante qu'elle produisait à peu près tout ce qui est nécessaire à la vie, et que si l'on voulait en prendre soin, il s'y ferait une très belle colonie.

Le climat ne diffère de celui de la Guadeloupe que par une élévation de température un peu plus grande ; le thermomètre marque souvent, à l'ombre, de 33 à 35° C. ; la moyenne est de 26°5.

L'établissement principal de Marie-Galante s'est appelé indifféremment, *Marigot* ou *ville de Joinville*, ou *Grand-Bourg* ; maintenant cette dernière dénomination subsiste à peu près seule. C'est une assez gracieuse petite ville, avec une dizaine de rues bien percées, quelques places spacieuses et une jolie église. Elle doit son importance à ce fait que sa rade est le point par où les navires peuvent le plus facilement aborder et qu'il leur est permis d'y mouiller en toute sécurité. Par contre, Grand-Bourg est entouré de terres basses et marécageuses, qui en rendent le séjour malsain. Après Grand-Bourg, c'est la *Capesterre*, au centre d'une longue plage de sable, sur un sol calcaire et madréporique. C'est dans ce bourg, composé d'une seule rue, qu'on charge les sucres du nord et de l'est de l'île.

On rencontre ensuite, sur la côte ouest, le bourg de Saint-Louis et la baie du même nom, que fréquentent surtout les navires de guerre. « Entre ce village et le Grand-Bourg, s'étend une grande plaine couverte de raisiniers et de mancenilliers, véritable nid à fièvres. »

Enfin, avant d'arriver à la pointe du Nord, nous remarquons le bourg du *Vieux-Fort*, en face duquel est l'îlot de ce nom. Le quartier du Vieux-Fort est sans aucune importance ; situé sous le vent et couvert de palétuviers et de marais, il est extrêmement insalubre.

Signalons en dernier lieu la *Petite-Terre*, située à 3 kilomètres environ de la Pointe-des-Châteaux. Cette terre, d'une contenance de 343 hectares, est formée de deux îles : *Terre de Haut* et *Terre de Bas*, séparées par un canal d'une largeur minimum de 200 mètres, élevées à 12 mètres au-dessus du niveau de la mer. On y remarque un feu fixe, blanc, élevé de 36 mètres et ayant une portée de 15 milles. L'île, couverte d'arbres, très sèche, produit des cocos et quelques vivres ; ses habitants y vivent de la pêche.

Chapitre 5

Les Saintes

« Les Saintes, composées de cinq îlots principaux : *Terre de Haut, Terre de Bas, Grand-Îlet, la Coche* et *Îlet à Cabrits*, dont trois seulement sont occupés (Terre de Haut, Terre de Bas et Îlet à Cabrits), sont situées à 19 kilomètres sud-est de la Guadeloupe, entre la Guadeloupe et la Dominique, par 15° 54′ latitude nord et 64° 1′ longitude ouest. Leur superficie est de 1.422 hectares.

« Les Saintes furent découvertes par Christophe Colomb le 4 novembre 1493 et tirèrent leur nom de la Toussaint, célébrée quatre jours auparavant. Elles furent occupées pour la première fois par les Français le 18 octobre 1618, sous le gouvernement de Houel, abandonnées à cause de leur manque d'eau, et occupées de nouveau en 1652, sous le même gouvernement. Depuis lors, les Saintes ont subi toutes les vicissitudes de la Guadeloupe. C'est dans leurs eaux que le comte de Grasse fut battu par Rodney en 1782.

« Le sol des Saintes, formé de rochers, est aride et présente une succession de mornes dont le plus élevé (Terre de Haut) ne dépasse pas 316 mètres. »

La Terre de Haut, la plus à l'est, est de forme irrégulière et très découpée ; un canal navigable pour les plus grands vaisseaux la sépare de la Terre de Bas, de forme carrée. Entre la Terre de Haut et l'Îlet à Cabrits, sur lequel se trouvent un pénitencier et un lazaret pour les quarantaines, est une baie profonde, où depuis 1775, à la suite d'un raz de marée survenu à la Basse-Terre, les bâtiments de guerre en station à la Guadeloupe ont l'ordre de se réfugier, en cas de mauvais temps. La passe des vaisseaux venant du nord est marquée par un récif appelé la Baleine.

Le climat des Saintes est très salubre et l'on y envoie en convalescence les dysentériques.

La population totale des Saintes est de 1.705 âmes, dont l'industrie principale est la pêche. On récolte aux Saintes (Terre de Bas) un café estimé et du coton. On y fait aussi des poteries et on s'y livre à l'élève des volailles.

Parmi les fruits que produisent les Saintes, il faut accorder une mention spéciale à un raisin muscat exquis, comme on n'en mange pas même à Paris ; il se paie, à la vérité, au prix de 2 fr.50 la livre.

Enfin, les Saintes méritent surtout d'être signalées comme point stratégique. L'Îlet à Cabrits forme avec la Terre de Haut, qui lui fait face, une vaste rade qui pourrait offrir un asile sûr à une flotte considérable. Aussi les gouverneurs de la Guadeloupe se sont-ils préoccupés de tout temps de fortifier cette position, et les travaux qu'ils y firent exécuter valurent de bonne heure aux Saintes le nom de *Gibraltar des Indes Occidentales*.

Malheureusement ce Gibraltar-là, en admettant qu'il soit aujourd'hui imprenable, ne l'a pas toujours été. Les Anglais réussirent à s'en emparer en 1794, et quand ils nous le restituèrent en 1807, ils avaient eu soin d'en raser au préalable toutes les fortifications. Six cents soldats des compagnies de discipline de la marine ont travaillé pendant vingt ans à les réédifier et à les augmenter encore. Ce sont d'abord le *fort Joséphine*, sur l'Îlet à Cabrits — (il sert surtout de pénitencier) — et un blockaus en pierre juché sur le *Chameau*, morne de la Terre de Haut, dépassant de 316 mètres le niveau de la mer. Ce sont surtout le *fort Napoléon*, qui a probablement changé de nom, et la *batterie du Morne-Rouge*. Ces forteresses commandent par leurs feux convergents toutes les passes pouvant donner accès dans le port, et font de ce point stratégique une position à peu près inexpugnable.

Avant de quitter ce groupe d'îlots, nous indiquerons, sans nous y appesantir, que dans les Antilles on fait, à tort sans doute, à ses habitants, une réputation équivalente à celle dont *jouissent* en France les naturels de Falaise, Martigues, Landerneau, etc. Dans les histoires qui se racontent aux heures de loisir, c'est toujours à eux qu'arrivent les mésaventures les plus extraordinaires, et on leur prête des traits d'une naïveté véritablement surprenante.

Chapitre 6

La Désirade

Colomb naviguait, dit-on, depuis plusieurs jours sans découvrir aucune terre, et son équipage inquiet commençait à murmurer, quand soudain, le 3 novembre 1493, une île surgit de l'immensité des flots. Colomb la baptisa *Deseada*, la *Désirée*, d'où nous avons fait la *Désirade*. C'est ce que dit Pierre d'Avisy : « Soudain qu'il l'eut vue, il la nomma la Désirée, pour le désir qu'il avait de voir la terre. »

Et cependant l'aspect de cette terre n'était et n'est encore rien moins qu'enchanteur. Ce qui frappe en arrivant, ce sont les têtes grises des récifs, autour desquels l'eau forme de dangereux tourbillons. Puis le regard se porte sur les collines du centre, mais elles sont abruptes et désolées. On ne voit d'abord aucun arbre, et la vérité est qu'il en émerge fort peu du sol aride et sablonneux. Aussi, quand on s'éloigne de l'île, elle produit à peu de distance l'effet d'un immense navire rasé par la tempête.

La Désirade est située à 11 kilomètres nord-est de la Pointe-des-Châteaux, par 15° 57' et 16° 31' de latitude nord, 63° 32' et 64° 9' de longitude ouest. Elle a 2.600 hectares de superficie.

Signalons la *Pointe du Nord*, l'embouchure de *la Rivière*, ruisseau torrentueux, *l'anse à Galet* (le meilleur mouillage de l'île, bien qu'il soit bouleversé par de fréquents raz de marée), le bourg de la *Grande-Anse*, avec son petit port, enfin la *baie Mahault*, où se jette une rivière minuscule, qui a pourtant exercé une certaine influence dans les destinées de la colonie.

Cette rivière coulait autrefois à travers d'innombrables racines de gaïac ; les eaux, en s'imprégnant de leur suc, devenaient une sorte de tisane sudorifique naturelle, très efficace dans le traitement des maladies de peau, et notamment de la lèpre. Cela suffit pour procurer à la Désirade l'avantage ou l'inconvénient d'être transformée, dans le courant de 1728, en léproserie des Antilles.

Aujourd'hui les racines de gaïac n'existent plus, car on a eu la fâcheuse idée de les brûler pour faire de la chaux ; les lépreux, heureusement, ont aussi presque tout à fait disparu ; mais la léproserie dresse toujours au soleil sa petite chapelle et ses deux séries de cases parallèles. — Un médecin de la marine et quelques Sœurs de Saint-Paul de Chartres y donnent leurs soins à une centaine d'indigents des deux sexes.

La Désirade a 1.315 habitants : ils se livrent surtout à la culture du coton, favorisée par une sécheresse presque continuelle. Leurs ressources consistent encore dans la pêche, à laquelle ils se livrent avec ardeur, dans la récolte de quelques fruits assez estimés, dans l'élève des moutons et de la volaille ; la ponte des poules est très abondante, et l'on peut presque dire que les œufs sont la monnaie courante dans les achats de la vie usuelle.

Parmi les innombrables parasites de la mer que recueillent les Désiradiens, nous croyons de toute justice d'accorder une mention spéciale à un crabe particulier. On le désigne sous le nom de *tourlourou*, sans doute parce qu'il prend à la cuisson la couleur garance du pantalon de nos soldats. Le tourlourou habite des trous qu'il creuse au sommet des falaises. Quand la pluie a rempli d'eau leurs demeures, ces crabes se réunissent en bandes considérables pour descendre vers la mer ; leur marche produit un bruit formidable, qui s'entend à de très grandes distances, et que l'on peut, sans exagération, comparer au grondement d'un torrent en fureur.

Chapitre 7

Saint-Martin

L'île de Saint-Martin fait partie du groupe des îles Vierges. Elle est située à 233 kilomètres nord-ouest de la Guadeloupe, par 18° 3′ de latitude nord et 65° 34′ de longitude ouest, entre l'Anguille, possession anglaise, et Saint-Barthélemy, qui a fait récemment retour à la France.

C'est d'abord par des Espagnols que cette île fut occupée presque aussitôt après sa découverte. Ils y construisirent un fort ; mais en 1648, trouvant leur résidence trop pauvre, ils se décidèrent à l'abandonner. Dans cette même année, le 23 mars, Saint-Martin vit débarquer en même temps des Français et des Hollandais, qui, au lieu de s'exterminer, eurent la bonne idée de partager fraternellement cette terre ; la partie nord, comprenant les deux tiers environ, échut aux Français, la partie sud aux Hollandais. Depuis cette époque, l'entente la plus cordiale n'a jamais cessé de régner entre les représentants des deux peuples, quel que fût le maître aux mains duquel les destinées jetaient ce coin de terre. Saint-Martin devint propriété de l'Ordre de Malte en 1651, fut acheté par la deuxième Compagnie, et entra dans le domaine de la couronne en 1674. Les Anglais s'emparèrent de la partie française de l'île, en 1744, mais la restituèrent peu de temps après ; en 1800, ils l'occupèrent encore une fois ; en 1808, 45 Français s'y défendirent vigoureusement contre 200 Anglais, qu'ils forcèrent à la fuite. De leur occupation a subsisté cette anomalie, que, dans les deux parties de l'île, on parle anglais. Saint-Martin suivit le sort de la Guadeloupe en 1810, et ne nous fut rendu qu'en 1814.

L'île a la forme d'un triangle équilatéral au sud. La partie française a 39 kilomètres de tour et une superficie de 5,177 hectares. Sur la côte nord-est, on voit l'annexe de *Tintamarre*, îlot absolument désert. Saint-Martin et Tintamarre sont de formation calcaire.

La partie centrale de l'île est traversée par une chaîne de montagnes, dont les contreforts descendent jusqu'à la mer, et dont le sommet le plus élevé est le *pic du Paradis* (415 mètres). De nombreux ruisselets y prennent naissance ; mais il n'y a pas de véritables cours d'eau, et les habitants — (3.463 dans la partie française, 2.800 dans la partie hollandaise) — sont le plus souvent réduits à l'eau des citernes. Sur les côtes, on remarque une série d'étangs salins, dont les principaux sont le lac *Simpson*, au fond de la *baie du Marigot*, l'*Étang Salin*, et le lac de la *Grande-Case*, au fond de l'anse de ce nom.

Le chef-lieu de la partie hollandaise est *Philipsbourg*, et celui de la partie française, le *Marigot*. Son port est dominé par un morne de 95 mètres d'altitude, que couronne un fort en ruines.

Le climat de Saint-Martin est très salubre et son ciel extrêmement pur. Le sol est léger et sablonneux. L'île a produit autrefois du sucre de bonne qualité et du rhum aussi renommé que celui de la Jamaïque ; mais il n'en est plus ainsi aujourd'hui, et les seules productions sont quelques fruits et légumes, du coton et du tabac assez estimé. On y élève beaucoup de bêtes à cornes, en particulier des chèvres et des moutons ; citons encore des chevaux de petite taille, mais vifs et bien faits. La volaille, le gibier et le poisson sont assez abondants. Saint-Martin est favorisé par un régime de commerce particulier, et ses habitants ne paient aucun impôt. Les communications postales officielles avec Saint-Barthélemy et la Basse-Terre n'ont lieu que deux fois par mois. La plupart des habitants sont protestants et appartiennent à la Communion méthodiste ; aussi voit-on un Consistoire à côté de l'église catholique.

Avant que nous n'eussions repris possession de Saint-Barthélemy, Saint-Martin avait un juge de paix à compétence étendue ; depuis 1877, il a cédé la place à un tribunal de première instance, composé d'un juge titulaire et d'un juge suppléant, d'un commissaire du gouvernement et d'un greffier.

Chapitre 8

Saint-Barthélemy

En 1648, une troupe de 50 à 60 Français, conduits par le sire *de Gentès*, envoyé par *Louvilliers de Poincy*, capitaine général des îles pour le roi et la compagnie, prit possession de Saint-Barthélemy. L'Ordre de Malte l'acheta en 1651, et y fonda un premier établissement qui entrait en bonne voie de prospérité, lorsque, en 1656, une irruption de Caraïbes, venus de la Dominique et de Saint-Vincent, détruisit ce commencement de colonisation. Après de nouveaux essais qui ne furent guère plus heureux, les colons découragés se réfugièrent à Saint-Martin. En 1664, l'île devint la propriété de la seconde compagnie française. En 1674, elle fut réunie au gouvernement de la Guadeloupe. Il a été constaté qu'en 1775 sa population consistait en 427 blancs et 345 esclaves. Les Anglais s'en sont emparés à deux reprises différentes, en 1689, puis en 1763, et l'ont rendue chaque fois dans un état de complète dévastation. En 1784, la France, pour obtenir un droit d'entrepôt à Gothembourg, céda Saint-Barthélemy à la Suède, qui l'a conservé jusqu'en ces derniers temps. Au mois de janvier 1877, des négociations furent entamées avec cette puissance, pour répondre au vif désir exprimé par les colons de rentrer dans le sein de la première patrie. Un traité fut conclu à Paris le 10 août suivant, qui réunissait Saint-Barthélemy à

133

la France ; on le soumit à l'approbation des habitants, et ils votèrent leur annexion à l'unanimité moins une voix. Ce traité a été ratifié par le parlement le 14 janvier 1878, promulgué le 1er mars suivant, et M. Couturier, gouverneur de la Guadeloupe à cette époque, a pris solennellement possession de Saint-Barthélemy le 16 du même mois.

Nous devions verser à la Suède : 1) 80.000 francs pour prix des édifices publics et de leur mobilier ; 2) 320.000 francs pour indemniser les fonctionnaires de l'île de la perte de leur emploi. Nous avons été dispensés du paiement de la première somme, à charge pour nous de fonder un hospice à Gustavia. Nous avons fait distribuer aux pauvres un secours de 4.000 francs le jour de notre prise en possession.

Saint-Barthélemy est situé à 170 kilomètres au nord-ouest de la Guadeloupe, par 65° 10′ 30″ de longitude ouest et 17° 55′ 35″ de latitude nord, dans le cercle formé par Saint-Eustache, Saint-Christophe, la Barbade et Saint-Martin. Elle s'étend de l'est à l'ouest sur une longueur de 9 kilomètres ; elle a 25 kilomètres de tour et une superficie d'environ 2.114 hectares.

Saint-Barthélemy n'est autre chose qu'un sommet montagneux émergé. Aussi ses contours sont-ils très accidentés et d'une grande irrégularité. Des îlots sans importance, appartenant au même système, en rendent l'accès difficile ; ce sont le *Goat*, la *Frégate*, le *Toc-Vert*, la *Fourche*, les

Boulangers (le grand et le petit), le *Grenadier*, *Surgatoa*, etc.

D'après ce que nous venons de dire, il ne faut pas s'attendre à rencontrer dans cette île de forts accidents de terrain ; quelques mornes irrégulièrement reliés entre eux, s'élèvent à peine jusqu'à 300 mètres.

Les deux seuls établissements de l'île sont *Gustavia* et *Lorient*.

Gustavia, le chef-lieu, se trouve à l'est de l'île. Son port se creuse en forme de fer à cheval, et son entrée est gardée par deux forteresses placées à ses extrémités : le *fort Oscar* et le *fort Gustave*. Le premier est élevé de 41 mètres, et le second de 78 mètres au-dessus du niveau de la mer.

C'est à ce port que Gustavia doit toute son importance. Le Père Dutertre le décrivait ainsi : « C'est un havre qui pénètre de plus d'un quart de lieue dans la terre par une entrée large de cinquante pas ; il en a plus de 300 de longueur en quelques endroits, et aux plus étroits 200 ; il est accessible en toute saison, même pour les plus grands navires. » C'est à cette appréciation, déjà bien lointaine et assez peu claire, que s'en étaient tenus jusqu'à ce jour les différents auteurs.

À vrai dire, la seule partie de la baie qui puisse être considérée comme un port est un petit bras de mer, nommé le *Carénage*, mesurant 700 mètres de long sur 200 de large. *Il ne peut admettre que les navires tirant de 1^m50 à 1^m80 d'eau.* Il est alimenté par le petit cabotage qui se fait avec toutes les îles voisines. La partie la plus extérieure de la baie offre, il est vrai, un mouillage commode, mais ouvert et peu sûr à certaines époques de l'année, avec un fond de 5^m20 au maximum. Les côtes du nord et de l'est sont bordées de récifs de corail toujours à sec, qui constituent des écueils dangereux.

Les habitants de Gustavia avaient adressé une pétition à la Diète suédoise pour obtenir l'établissement de docks de réparation ; il n'y a pas été fait droit ; cette création a paru inutile, quand il existe déjà d'excellents docks de cette nature dans les autres Antilles, notamment à la Martinique et à Saint-Thomas, qui ont des communications plus fréquentes avec l'Europe.

On leur a également refusé une avance de fonds pour l'exploitation de leurs salines, parce que celles de Saint-Martin et de Saint-Christophe, qui se trouvent à proximité, fournissent du sel en abondance et à très bon marché.

« La ville de Lorient, située au vent de l'île sur le bord de la mer, est abritée par un bois de cocotiers, au milieu duquel s'éparpillent des maisons de bois, entourées de murs en pierres sèches. Ses habitants, qui descendent des anciens Normands, et qui n'ont conservé de leurs ancêtres que le goût des travaux agricoles et quelques vieux mots usités au dix-septième siècle, parlent tous le français, à l'encontre des habitants de Gustavia, qui parlent généralement l'anglais. Ils sont au nombre de quatre ou cinq cents.

On trouve encore au nord la vaste baie de Saint-Jean. »

La population totale de l'île s'élève de deux mille cinq cents à trois mille habitants, parmi lesquels trois à quatre cents protestants. Ils n'ont, comme ceux de Saint-Martin, aucun impôt à payer.

Il y a à Saint-Barthélemy un tribunal de première instance, comprenant un juge président, un commissaire du gouvernement et un greffier. Les principaux produits de l'île sont des légumes, des fruits, notamment des ananas ; le tabac, l'indigo, la casse et le bois de sassafras. Le commerce jusqu'ici n'a pris que peu d'extension.

Saint-Barthélemy, cependant, est susceptible de développement à ce point de vue, et l'île a joui pendant un temps d'une certaine richesse. Si, dans la dernière période, elle coûtait annuellement 68.000 fr. à la Suède, en revanche, de 1812 à 1816, elle a payé à la métropole un tribut de 486.575 rixdalers, et de 1819 à 1830, elle lui en a encore envoyé 291.294. Grâce aux avantages qu'offre la proximité de la Guadeloupe et de la Martinique, il serait possible de faire renaître cette ère de prospérité. Il faudrait pour cela : 1° encourager vigoureusement la culture du tabac d'une part, et d'autre part la pêche, notamment celle de la tortue ; il faudrait aussi avancer des capitaux qui permissent l'exploitation des mines de zinc et de plomb, car on a récemment découvert de riches filons de ces deux métaux.

Deuxième Partie[2]

Chapitre 1

La vie créole ; le travail libre et l'émigration.

C'est un curieux et touchant spectacle que celui de la vie coloniale dans quelques-unes de ces possessions d'outre-mer conservées en trop petit nombre à la France, et traitées par elle bien souvent avec un injuste dédain. Il n'est pas nécessaire d'être un grand économiste pour deviner que, sans exagérer l'importance des îles sur lesquelles nous voudrions réunir ici quelques souvenirs, il faut en tenir plus de compte assurément qu'on ne le fait aujourd'hui, ne fut-ce qu'en raison de l'indestructible et profond attachement qui les unit à la métropole. Comme l'enfant que la mère sent tressaillir dans son sein, nos colonies des Antilles vivent de la vie de la mère-patrie, elles en sont le fidèle reflet : nulle part nos succès ne sont plus sincèrement acclamés, nos revers plus vivement sentis, et, loin de s'affaiblir avec le temps, le souvenir d'une commune origine semble y devenir d'année en année plus vivace. Ce n'est pas tout : indépendamment de considérations patriotiques qui touchent peu certains esprits, les Antilles françaises offrent un champ d'études d'un intérêt tout spécial.

_____

[2] Par *Edmond du Hailly*

I

Aller aux îles !… c'était jadis l'expression consacrée, et Dieu sait le monde fantastique que nos candides aïeux se représentaient au terme du voyage. Le paisible marchand du vieux Paris, qui du fond de son arrière-boutique voyait les riches produits d'outre-mer couvrir ses rayons enfumés, ne songeait pas sans une terreur peut-être secrètement mêlée d'envie aux étranges récits qui circulaient sur ces pays lointains : c'était le péril incessamment bravé, les merveilles de climats inconnus, la fortune pour qui triomphait de ces épreuves ; c'était par-dessus tout la fastueuse existence au sein de laquelle le planteur créole apparaissait comme le héros d'un conte de fées. Alors le luxe des colonies était sans bornes ; pour elles, la métropole tissait ses étoffes les plus précieuses, ciselait ses bijoux les plus exquis, et dans la petite ville de Saint-Pierre-Martinique, surnommée le Paris des Antilles, l'opulence ne se mesurait qu'à la prodigalité. Cette brillante auréole a singulièrement pâli. La vapeur a si bien supprimé le prestige de l'éloignement, que cette terrible traversée, dont un testament était la préface obligatoire, n'est plus désormais qu'une promenade de douze jours en été, de quinze en hiver. On ne va plus guère chercher fortune aux *îles*, et quant à envier le sort des colons, c'est ce dont assurément nul ne s'avise. Pauvres îles ! elles ne sont pourtant aujourd'hui ni moins fécondes en promesses d'avenir, ni moins richement parées de leur éternelle verdure qu'aux plus beaux jours du siècle dernier. Elles sont encore prêtes à faire, quand nous le voudrons bien, la fortune de qui attachera son sort au leur ; c'est nous qui avons changé, non pas elles, et il y a plus que de l'injustice à les rendre responsables des mésaventures économiques dont nous nous sommes volontairement faits les victimes. Est-ce leur faute si, après les avoir enfermées deux siècles dans les serres chaudes de la protection, nous les avons brusquement transportées au grand air, en nous bornant à leur donner pour médecin soit une émigration coûteuse, soit un crédit foncier un peu trop illusoire, soit toute autre mesure aussi incomplète ? Puis, lorsqu'à chaque nouveau topique les doléances recommençaient, on en concluait qu'il est dans la nature créole de se plaindre, et l'on ne s'en inquiétait pas autrement. Aux yeux de combien de personnes d'ailleurs ces deux îlots ne sont-ils qu'un insignifiant royaume de Barataria, où l'on continue à fabriquer par habitude un sucre que la métropole achète presque par charité ? Pour moi, après trois années de vie coloniale, je vois en eux deux départements appelés à compter parmi les plus riches territoires de France. Il ne s'agit pour cela que de retrouver dans des conditions normales de liberté industrielle le développement qu'ils ont dû jadis aux factices avantages d'un régime aboli.

Si blasé que soit le voyageur sur les magnificences de la nature tropicale, il lui est difficile de ne pas être frappé de la grandeur du spectacle qui s'offre à ses yeux en arrivant sur la rade de Saint-Pierre-Martinique. Les terres de la baie de Naples n'ont pas de lignes plus harmonieusement distribuées ; les montagnes qui dominent Rio-Janeiro ne sont ni étagées avec plus de hardiesse, ni diaprées d'une plus luxuriante végétation. L'azur de la mer y a l'inaltérable et calme transparence des grands fonds. La courbe du rivage s'infléchit doucement entre la pointe du Carbet et celle du Prêcheur, et derrière s'étend la ville, que signale au loin l'assemblage des rouges toitures de ses maisons. Adossé sur la droite à la gigantesque muraille de verdure que forme une ceinture non interrompue de mornes taillés à pic, l'étroit faisceau des rues ainsi emprisonnées suit d'abord le contour de la plage pour s'épanouir à l'extrême gauche en escaladant les hauteurs dites du Vieux-Fort. Au-dessus de ce premier plan s'ouvre la perspective de vastes plantations sur lesquelles la canne étend son manteau, dont le vert pâle et doux ne ressemble à aucun autre. Plus haut encore, dominant l'immensité de ce paysage, auquel l'horizon sans bornes de la mer peut seul servir de cadre, la Montagne-Pelée lève orgueilleusement vers le ciel sa cime triangulaire couronnée de nuages. Il est peu d'aussi beaux panoramas au monde, tant par l'aspect grandiose de cette nature que par l'impression de richesse dont elle pénètre le spectateur. À peine est-on à terre, à peine a-t-on mis le pied sur la place Bertin, où vient aboutir tout le mouvement de l'île, qu'un changement de décor imprévu rend le nouveau débarqué le jouet d'une singulière hallucination.

Tout le monde connaît au Louvre la curieuse collection des ports de France peinte, au milieu du siècle dernier, par Joseph Vernet : il semble, à la vue de la place Bertin, que l'on soit transporté dans un de ces ports, et que ce même tableau ait déjà dû s'offrir à l'Européen abordant sur cette plage il y a cent ans. Au lieu des vastes clippers de 2 et 3,000 tonneaux qui signalent aujourd'hui les centres du commerce maritime, on voit alignés à une portée de pistolet du rivage vingt-cinq ou trente navires aux formes surannées, dont les plus grands n'atteignent pas 500 tonneaux. Pour eux, le temps n'a pas de valeur ; Us attendront là un mois, deux s'il le faut, une cargaison qui leur sera apportée boucaut par boucaut sur d'incommodes chalands à fonds plats. À terre, nulle installation pour faciliter les chargements et déchargements ; point de quais, point de jetées qui en tiennent lieu. Le travail se fait néanmoins au milieu du tumulte assourdissant dont les nègres ont le secret, car ce sont eux qui frappent d'abord le regard du voyageur, dont ils se disputent les bagages. « Presque tous portent sur le dos la marque des coups de fouet qu'ils ont reçus, disait un écrivain du XVIIe siècle, le père Labat; cela excite la compassion de ceux qui n'y sont pas accoutumés, mais on s'y fait bientôt. »

Sauf les coups de fouet disparus avec l'esclavage, la population aux Antilles a dû peu changer de physionomie depuis de longues années. On pourrait même, en généralisant cette observation, l'appliquer à bien des traits de la société créole, et peut-être arriverait-on ainsi à s'expliquer comment une transformation aussi radicale, aussi brusquement amenée que l'a été l'émancipation des noirs, n'a été accompagnée que de perturbations relativement insignifiantes. C'est là à la vérité un point de vue contre lequel protestent les créoles. On persiste, disent-ils, à nous juger en France d'après les vieilles notions du code noir, on nous représente comme systématiquement hostiles à l'état de choses inauguré en 1848, et il n'est aucune des déclamations de l'abbé Raynal qui ne trouve autant de crédit aujourd'hui qu'aux meilleurs jours de l'*Histoire philosophique des deux Indes*. Hélas ! pourrait-on leur répondre, c'est que, pour qu'il en fût autrement, pour qu'en quinze ans les mœurs de votre société eussent été modifiées par les nouvelles conditions qui lui ont été faites, il faudrait que sous les tropiques notre nature fût douée d'une perfection toute spéciale, et que l'inépuisable fonds de vanité départi à la sottise humaine n'y existât que pour mémoire. Quoi de plus commode que de régler ses classifications sur la couleur de la peau ? Et, le principe de ces distinctions une fois admis, peut-on espérer que cette inégalité sociale disparaîtra de si tôt devant l'égalité civile ? Peut-être aujourd'hui rencontrerait-on peu de créoles assez érudits pour rétablir à tous ses degrés l'ancienne hiérarchie du mélange des deux sangs; mais, pour n'avoir que trois marches, l'échelle n'en subsiste pas moins. Autant le mulâtre se croit supérieur au nègre, autant le blanc méprisera les deux autres, et je ne crains pas d'affirmer qu'il en sera longtemps encore ainsi. « Je suis pour les blancs, disait Napoléon Ier à son conseil d'état, parce que je suis blanc. Je n'ai que cette raison-là à donner, et c'est la bonne. » Je veux croire que les colons qui se disent exempts du préjugé de la couleur apportent dans leur erreur la meilleure foi du monde ; mais, si du témoignage des hommes nous passons à celui des femmes, nous trouverons plus de vérité, sinon plus de franchise. Pour les dames créoles, une négresse semble à peine un être du même sexe, et la distance ne sera pas moins observée par la fille de couleur, bien que sous la forme d'un dédain moins suprême d'une part, et d'une aversion plus crûment exprimée de l'autre. *Moi raki femmes béké là* (je hais ces femmes blanches), diront sans ambages les belles mulâtresses. On a cependant parfois l'occasion de voir d'étranges fraternités servir de cortège à ces antipathies.

Si les lignes de démarcation qui séparent ces trois classes ne semblent de nature à admettre aucun tempérament, si les blancs surtout sont retranchés derrière un infranchissable fossé, n'est-on pas fondé à se demander quel changement l'émancipation a pu apporter dans les mœurs créoles ? Je parle à un point de vue purement moral. Certes le nègre n'ignore pas ce qu'il a gagné, il sait que le pilori ne l'attend plus, et que le fouet du commandeur est brisé ; mais quant à se considérer comme l'égal du blanc, c'est ce qui jamais ne lui viendra en tête. *Yeux béké qu'a brûlé nègre* (le regard du blanc brûle le nègre) : on l'entend encore aujourd'hui, ce proverbe où l'on croit voir passer comme un reflet des farouches lueurs de l'esclavage, et c'est de la bouche des noirs qu'il sortira le plus innocemment du monde. On a beaucoup dit et répété que, pour le nègre, liberté était synonyme de fainéantise. C'est là une de ces banalités qui méritent à peine une réfutation. Le nègre obéit a la loi générale, qui n'est certes pas d'aimer le travail pour lui-même, mais bien de le subir comme une nécessité et de le limiter à la satisfaction des besoins. Si les dépenses qui en résultent pour lui sont à peu près réduites à leur plus simple expression, c'est qu'elles sont restées ce qu'elles étaient jadis, alors que les maîtres étaient loin d'avoir pour but de créer à leurs esclaves des besoins artificiels. Que l'on procède en sens inverse aujourd'hui, et l'on verra chaque jouissance ajoutée, chaque nouvelle condition de bien-être matériel se transformer en un certain nombre de journées de travail, car le nègre sait très bien mettre sa paresse de côté lorsque sa fantaisie est excitée, ou sa vanité mise en jeu. C'est ainsi qu'en 1848 aucun des nouveaux affranchis n'eut de repos qu'il ne se fût procuré l'habit noir dans lequel il voyait le symbole de sa liberté. Il existe à Saint-Pierre-Martinique un tailleur dont ce commerce fit la fortune : pendant que le mari vantait au nègre émerveillé l'élégance de sa toilette européenne, la femme lui glissait dans les poches, en guise de cadeau, une paire de gants de coton blanc longs d'un pied, et l'heureux acheteur ne manquait pas de recommander chaudement le magasin à ses amis. Après la passion de l'habit noir est venue celle des souliers vernis, puis on a voulu que des bas sortissent de ces souliers. Malheureusement ce surcroît de splendeur avait ses inconvénients. Mettre des souliers le dimanche, passe encore : six jours restaient pour marcher nu-pieds ; mais loger des bas dans ces souliers, c'était greffer un supplice sur un autre. La difficulté fut tranchée en ne conservant des bas que la partie visible, c'est-à-dire les tiges, et le pied resta nu dans son enveloppe vernie.

Les nègres des campagnes ont, sur le coin de terre qu'ils cultivent ou sur les habitations des planteurs, une existence qui a été souvent décrite. Les nègres de la ville vivent différemment ; mais, pour les bien connaître, c'est à domicile qu'il faut étudier cette singulière classe de citoyens, dans les quartiers qui sont devenus leurs domaines, et les épreuves par lesquelles ils jugent à propos de faire passer leurs propriétaires rempliraient tout un long chapitre. La maison est d'abord louée en bloc par quelque vieille négresse, une Marie-Rose ou une Cydalise quelconque, laquelle commence par découper chaque chambre selon sa grandeur en plus ou moins de compartiments, deux, trois, quatre, plus même au besoin. Les cloisons, élevées seulement à hauteur d'homme, seront formées de débris de caisses ou de toiles d'emballage. Cela fait, la maison est promptement sous-louée. Le locataire qui emménage dans un compartiment y tend en un coin une ficelle à laquelle seront suspendus les souliers vernis et le précieux habit noir, placés de la sorte hors de portée des rats. Un cuir de bœuf servant de grabat complétera le mobilier, s'il s'agit d'un célibataire ; s'il s'agit d'un ménage, l'ameublement se compliquera d'une marmite en terre, d'une malle en bois invariablement peinte de fleurs éclatantes sur un fond bleu, et d'une demi-douzaine d'enfants qui barboteront dans le ruisseau,

147

comme autant de petits canards. Lorsqu'une maison est envahie, de la sorte, les loyers font le plus souvent défaut ; mais se débarrasser de la tribu n'en est pas plus facile, car il serait fort inutile de se mettre en frais de papier timbré. J'ai connu un propriétaire affligé d'une semblable prise de possession, qui, après avoir longtemps patienté, après avoir épuisé toutes les tentatives de concession ou d'accommodement, voire les sommations légales, ne parvint à sortir d'embarras que par le procédé suivant. Il réunit une escouade d'ouvriers munis d'échelles et d'outils, et vint à leur tête enlever les portes et fenêtres de la maison ; il en démolit les cloisons intérieures, il fit même mine de s'attaquer à la toiture. Si le moyen était violent, le succès fut complet, et l'ennemi se vit mis en pleine déroute. Ce fut une véritable fuite d'Égypte, chacun se sauvait, emportant sous le bras sa fortune et son mobilier ; mais, ajoutait le narrateur, ce qui me surprit le plus fut le nombre de mes locataires. Je croyais avoir affaire à une vingtaine de récalcitrants ; il en défila plus du triple.

L'état civil des nègres n'est pas la partie la moins curieuse de leur histoire. L'esclavage ne comportait pas pour eux le luxe du nom patronymique ; cette lacune n'était comblée que pour l'affranchi, et à cet effet on procédait de temps à autre à des vérifications de titres de liberté, comme dans la métropole aux vérifications de titres de noblesse. La dernière qui fut faite à la Martinique remonte à 1807 ; les archives en ont été conservées au greffe du tribunal de Fort-de-France, et ce n'est pas sans étonnement que l'on y voit plusieurs noms aujourd'hui considérés dans la colonie. Toutefois les affranchissements finirent par se multiplier tellement que l'on comptait avant 1848 plus de 30.000 libres de couleur dans l'île. Aussi beaucoup d'entre eux n'avaient-ils pas de nom patronymique, entre autres la classe nombreuse des libres dits de savane, c'est-à-dire des affranchis pour lesquels avaient été négligées les formalités officielles. Quant aux esclaves, force leur était de se contenter de simples noms de baptême, pour lesquels on puisait volontiers dans la mythologie. C'était l'époque des Flore et des Cupidon, des Jupiter, des Télèphe et des Cybèle, et peut-être n'est-il pas inutile d'ajouter que ni Flore ni Cupidon ne songeaient à regretter le nom de famille dont on les privait. Survint 1848, qui les dota de ce bienfait. Chacun put baptiser sa famille présente ou à venir, et dans les mairies furent ouverts des registres dits d'individualité, qui n'étaient primitivement qu'une sorte de liste électorale sur laquelle les nouveaux affranchis furent autorisés à se qualifier d'un nom patronymique. Le champ était vaste, mais le choix ne laissait pas que d'être embarrassant, car les noms déjà existants dans l'île avaient été fort sagement interdits, et l'imagination des nègres n'allait guère au-delà. Aussi la plupart d'entre eux s'en remirent-ils au bon goût des employés de la mairie. S'il arrivait que tel employé fût versé dans l'histoire romaine, il faisait revivre sur son registre la race des Brutus, des Titus, des Othon, des Numa Pompilius. Parfois ses préférences se traduisaient par un grand nom des temps modernes : était-il gourmet, il créait un Vatel ; danseur, un Vestris. Montaigne, Sully, Nelson et cent autres acquirent de la sorte une descendance noire. Quelques noms surgissaient directement de la fantaisie de ces parrains officiels ; d'autres, Tinom par exemple, étaient pris dans le patois créole et en rappelaient les étranges diminutifs. Certains affranchis enfin se bornaient à conserver le nom de leurs mères, et se baptisaient bravement Rosine ou Émilia. Quoi qu'il en soit, tous du presque tous jouissent d'un nom patronymique depuis 1848. Malheureusement les facilités données par les registres d'individualité n'ont pas été maintenues, et, malgré plusieurs réclamations, les retardataires qui n'ont pas profité à temps de la mesure en sont réduits à passer aujourd'hui par les formalités coûteuses et compliquées de la loi métropolitaine : recours au garde des sceaux, insertion aux journaux, etc. On comprend qu'ils s'en soient peu souciés.

Ce progrès n'a pas été le seul en matière d'état civil. De l'aveu général, les nègres de nos colonies se marient beaucoup plus aujourd'hui que jadis, et si l'on compare les moyennes décennales qui ont précédé et suivi 1848, on verra que le nombre annuel des unions régulières est monté à la Martinique de 46 à 637, à la Guadeloupe de 101 à 907. « Quarante mille mariages, vingt mille enfants légitimes, trente mille enfants reconnus, voilà, nous dit M. Cochin, le beau présent offert en moins de dix ans à la société coloniale par l'émancipation ! » Assurément on ne saurait mieux dire, et ce sont là dés tendances auxquelles tout le monde applaudira. Toutefois il est juste d'ajouter qu'il reste encore terriblement de marge à l'amélioration. Si l'on est sorti du régime universel de concubinage et de promiscuité qui souillait le passé, il n'en est pas moins vrai que l'ensemble des naissances légitimes n'atteint pas dans nos Antilles à la moitié du chiffre des naissances naturelles. Ainsi un relevé très soigneusement fait sur les registres de la mairie de Fort-de-France, du 24 mai 1848 au 31 décembre 1860, établit que, sur 5.202 naissances, 1.685 seulement sont légitimes, dont 448 pour la classe blanche, tandis que sur les 3.517 naissances illégitimes, 3.433 appartiennent à la classe de couleur. Il ne faut pas oublier que la ville de Fort-de-France, grâce à l'importance de l'élément administratif, possède une proportion de blancs plus forte que tout autre quartier de l'île. On voit que, si le nègre a réalisé quelques progrès en fait de moralité conjugale, il lui en reste encore plus à faire. Ne parvînt-on qu'à rectifier ses notions un peu embrouillées sur le mariage, qu'il y aurait déjà un mieux notable. À quel curé de nos Antilles n'est-il pas arrivé de voir un nègre lui rapporter sa bague d'alliance en le priant naïvement de le démarier ? Le pauvre prêtre a beau se mettre en frais d'éloquence vis-à-vis de l'époux mécontent ; ce dernier ne s'en va pas moins persuadé que la mauvaise volonté seule a empêché le curé de reprendre son anneau. Parfois même la chose va plus loin, Le maire d'une commune de la Guadeloupe, ceint de l'écharpe tricolore, et dans toute la majesté de sa gloire officielle, était occupé à faire des mariages. Un couple noir se présente, la cérémonie commence, et le magistrat avait déjà entamé la lecture édifiante du chapitre VI, titre V, du livre Ier sur les droits et devoirs respectifs des époux, lorsqu'un souvenir le frappe. Il s'interrompt et interpelle le futur conjoint : « Ne t'ai-je pas marié il y a six mois ? — *Si, mouché.* — Ta femme est morte ? — *Non, mouché ; li à Marie-Galande. Femme-là pas bon ; moi quitté li. Talà meilleure* (celle-ci est meilleure), » ajoutait-il, en désignant avec satisfaction l'objet de ses nouvelles amours. Le maire en fut quitte pour recommander à l'avenir plus de soin dans la publication des bans ; mais il est douteux que le nègre ait vu dans son refus de le marier autre chose qu'un acte d'hostilité personnelle. Il est difficile de se montrer bien sévère pour une immoralité qui a aussi peu conscience de ses torts, surtout si l'on se reporte aux exemples que les blancs donnent aux nègres. La vie d'habitation quasi féodale sous l'esclavage ne se prêtait que trop à tous les désordres de ce genre. Là où régnait souverainement la volonté d'un seul, là où venait presque s'arrêter l'action même de la justice, il était impossible que tout caprice du maître ne fût pas accueilli comme une faveur, et c'est ce qui arrivait. L'habitant parlait de ses bâtards (c'était le terme consacré) comme de la chose la plus naturelle du monde. Sa femme les acceptait sans récriminations, les soignait même dans une certaine, mesure, et n'oubliait jamais, quand son mari mourait, de les habiller tous de deuil ainsi que leurs mères. Parfois cette descendance interlope atteignait des proportions patriarcales. J'ai connu un brave et digne habitant qui, parvenu à sa soixante-onzième année, comptait autant de bâtards que d'années. — Mon père m'a souvent répété, disait-il pour excuse, que le meilleur moyen d'avoir de bons domestiques était de les faire soi-même. — A Dieu ne plaise que l'on puisse nous soupçonner de représenter de parti-pris la société créole sous un jour désavantageux ! Elle est ce que les circonstances l'ont faite. Il lui eût été difficile de se transformer en quelques années, et l'on aurait tort d'ailleurs de la juger sur le trait isolé que nous venons de signaler.

C'est dans les campagnes, loin des villes, qu'il faut aller chercher la vie coloniale, si l'on veut en saisir la physionomie vraiment originale. Un monde à part s'y révèle dès les premiers pas. En France, les nombreux villages qui servent de centres agricoles rappellent à l'esprit et le temps de la féodalité et l'obligation de se réunir en groupes pour se défendre pendant des siècles de barbarie. Il en fut autrement dans nos îles. La crainte des luttes intérieures ne tarda pas à disparaître avec les Caraïbes aborigènes, et, chaque colon pouvant librement s'établir et s'organiser sur le terrain qui lui était concédé, les rares villages qui se créèrent se virent en quelque sorte annulés d'avance. Presque en même temps l'esclavage vint donner une forme définitive à cette existence à la fois agricole et manufacturière. Bien que sur toute l'étendue de l'habitation (c'est le nom que l'on donnait à ces domaines, dont le possesseur s'appelait *habitant*) l'autorité du maître fût plus absolue que ne l'était au moyen âge celle du baron sur ses vassaux, ce n'était pas la féodalité, si hiérarchique au sein de ses désordres, mais plutôt une sorte d'autocratie patriarcale, dont nos sociétés européennes n'offraient aucun exemple, et qui, tantôt prônée avec excès, tantôt calomniée outre mesure, ne manquait pourtant ni de mérite propre ni d'une certaine grandeur. Un groupe de chaumières ou de cases à nègres éparpillées pêle-mêle entre des touffes de bananiers ; sur un plateau voisin, la maison principale ; plus bas, la sucrerie et les ateliers qui en dépendent ; tout autour, de vastes champs d'un vert pâle dominés par de puissantes montagnes chargées de forêts, tel est le tableau matériel de cette existence, tel est le coup d'œil général de la campagne de nos Antilles. Pénétrons dans une de ces habitations où s'élabore la fortune coloniale. L'hospitalité y est traditionnelle, et les révolutions ne changeront rien sous ce rapport.

Pour l'Européen habitué à voir l'agriculture, sinon dédaignée, du moins généralement abandonnée à des mains rustiques, ce sera une première surprise que de rencontrer un propriétaire scrupuleusement civilisé et d'une distinction, d'une urbanité de manières dont se préoccupent peu nos fermiers de la Beauce ou de la Brie. C'est que l'habitant est tout à la fois agriculteur, industriel et manufacturier. Outre les qualités naturelles qui lui sont nécessaires pour diriger un personnel nombreux, sa fabrication sucrière exige un ensemble assez étendu de connaissances acquises, où souvent la théorie vient se mêler à la pratique. On s'est longtemps représenté en France le planteur de nos colonies comme un type de mollesse et d'indolence, comme un maître égoïste s'enrichissant sans remords du travail d'autrui. Que le despotisme autorisé par l'esclavage ait eu ses abus, c'est ce que nul ne niera, car l'omnipotence est le pire écueil de notre nature. Il est probable pourtant que ces abus ont été exagérés, et que l'on y a souvent pris l'exception pour la règle ; l'intérêt bien entendu du maître en est la meilleure preuve. Quant au reproche de mollesse et d'oisiveté, de tout temps il a dû être peu fondé, et sous ce rapport la vie de l'habitant devait être au siècle dernier fort semblable à ce que nous la voyons de nos jours. Se lever avec le soleil, le devancer même souvent, ne rentrer qu'après avoir fait le tour de la propriété pour suivre le développement de chaque plantation de cannes, passer de longues heures à la sucrerie, au moulin ou devant les chaudières, surveiller des travaux d'entretien, des réparations sans cesse renaissantes, ne négliger en un mot aucun des cent détails d'une exploitation toujours complexe alors même que l'échelle en est restreinte, tel est le programme d'une journée qui n'est assurément pas celle d'un oisif. Et cette surveillance incessante est de première nécessité, on ne s'en aperçoit que trop en comparant l'habitation sur laquelle plane l'œil du maître avec celle où trônera négligemment un régisseur insouciant. En revanche, s'il est vrai de dire que rien n'attache comme la terre, nulle part ce dicton n'est plus vrai que pour ces habitations qui résument l'histoire d'une famille, les splendeurs du passé, les affections du présent, les espérances de l'avenir. On peut les quitter, on les quitte même trop souvent, mais il est rare que l'on n'y revienne pas. On voit des créoles heureux de retrouver la vie d'habitant après avoir dépensé dans les salons de

Paris les dix meilleures années de leur jeunesse. D'autres, avec une fortune plus que suffisante, remettent d'année en année leur départ définitif pour la France, et finissent par ne plus partir du tout, ou à peine ont-ils touché l'Europe qu'ils regrettent déjà la colonie. D'autres enfin vont jusqu'à abandonner leurs intérêts dans la métropole pour venir aux îles remettre en valeur quelque propriété patrimoniale. L'émancipation de 1848 fut pour toutes ces existences une crise solennelle : à quel prix nos colonies en sortirent, on va le voir. Leur avenir dépendra des leçons que leur aura données cette période de transition.

II

Lorsqu'après avoir suivi une des longues rues qui traversent Fort-de-France dans sa grande dimension, le promeneur s'avance de quelques pas jusqu'à la Pointe-Simon, il se trouve brusquement transporté au centre d'un ravissant paysage tropical. À sa gauche s'étend la rade des Flamands, unie, calme et transparente, bornée au premier plan par les lignes sévères du fort Saint-Louis, et à l'horizon par les campagnes des Trois-Ilets, qui ont vu naître une impératrice. À sa droite, entre deux rideaux de palmiers et de bambous, coule tranquillement une étroite rivière bordée de jardins, de verdure et de cases à nègres ; dans le fond du tableau se dresse l'âpre et sombre barrière des mornes. C'est la rivière Madame, qui vient là se jeter dans la baie entre deux bâtiments d'aspects fort dissemblables, dont l'un est une des plus belles usines à sucre de la colonie, tandis que le second, tristement enceint d'un mur, n'offre d'autre caractère que celui d'une prison. C'en est une en effet, ou peu s'en faut, et le maussade préau qu'enclôt ce mur ne mériterait pas d'attirer notre attention, s'il ne semblait investi du don magique en vertu duquel le tapis des contes arabes transportait son possesseur d'une extrémité du globe à l'autre. Aujourd'hui le visiteur pourra s'y croire au sein d'une tribu africaine du fond du golfe de Guinée. Autour des foyers en plein vent sont accroupis des nègres aux formes massives, aux chevelures laineuses et crépues ; les femmes ont à peine de quoi voiler leur nudité, mais leurs bras et leur col sont ornés de verroteries ; les enfants se roulent dans le sable à l'état de nature. Vienne le soir, et l'incertaine lueur des foyers éclairera des danses guidées par l'assourdissant et monotone tam-tam, des danses dont on ne songe plus à rire quand on y voit pour l'exilé le souvenir et comme le culte de la patrie absente.

Revenez à quelque temps de là visiter cette cour ; la peuplade noire aura fait place à des centaines d'enfants de Confucius, aux yeux bridés et narquois, accompagnés de femmes aux pieds mutilés, mais fières des grands peignes dorés et des longues épingles d'argent qui ornent les interminables tresses de leur chevelure. Le préau cette fois est devenu un faubourg de Canton. Quelque autre jour, le sifflet du machiniste vous transportera sur les bords du Gange. Vous ne verrez autour de vous qu'Indiens, reconnaissables non moins à l'éclat profond des yeux et aux reflets bronzés de la peau qu'à la servilité caractéristique de l'attitude. Bien que ces malheureux ne représentent de l'extrême Orient que le côté sordide et misérable, on n'en est pas moins étonné de la pureté des lignes qui se révèlent sous ces formes chétives et grêles. À voir ces pauvres Indiennes s'envelopper dans un pagne troué avec des plis dignes parfois de la draperie antique, on sent je ne sais quel instinct du beau qui persiste sous ces haillons. Ce préau, où se succèdent des populations d'origines si diverses, sert en effet de dépôt provisoire aux convois d'émigrants à leur arrivée dans l'île, et ils y attendent que la répartition des travailleurs soit terminée entre les habitations de l'intérieur. La jolie rivière Madame sépare la prison de l'usine, comme si l'on avait voulu réunir dans le même cadre les splendeurs et les misères de la colonie, sa gloire industrielle à côté de sa plaie ouvrière.

Que l'on ne s'exagère pas l'importance du mot qui vient de m'échapper : il ne saurait y avoir de plaie ouvrière bien vive en un pays où le paupérisme est inconnu, et où l'on pourrait même dire que dans une certaine mesure les relations du capital et du travail n'ont été compliquées que par l'absence de toute misère matérielle. Aussi, en parlant de cette émigration dans laquelle nos colons se sont peut-être un peu trop hâtés de voir leur salut, n'est-ce pas tant le principe lui-même que nous discuterons que l'application qui en a été faite. Livré à ses propres ressources, en 1848, par une émancipation que rien ne permettait de prévoir, le planteur dut naturellement songer au remède dont l'emploi avait réussi aux colonies anglaises de la Guyane et de la Trinité. Seulement il eut le tort de voir une solution définitive dans une mesure dont le caractère ne pouvait être qu'essentiellement transitoire. Pour lui, le coulie remplaçait le nègre, tout était là, et l'émigration n'était que la transformation la plus immédiate de l'ancien système ; c'était, s'il est permis de s'exprimer ainsi, la traite du XIXe siècle. On publia dès lors que le point capital était d'amener la population indigène à reprendre la houe abandonnée en 1848, ou du moins on ne vit plus là qu'une question secondaire ; on négligea de chercher la voie du travail libre, et chacun se cramponna avec la convulsive énergie du noyé au nouvel état de choses, qui n'était, à vrai dire, qu'un retour peu déguisé vers le passé. On admettra difficilement au premier abord qu'il puisse être avantageux au colon des Antilles d'aller chercher à Pondichéry le simple manœuvre qui fouillera sa terre, pour lui faire de nouveau franchir à ses frais, cinq ans après, les quatre mille lieues qui le séparent de sa patrie. Il semble qu'économiquement une semblable mesure porte en elle-même sa condamnation, sans nier aussi qu'elle ne puisse réussir dans des circonstances très exceptionnelles ; mais en principe chacun conviendra que le seul mode d'émigration ayant sa raison d'être est celui qui consiste à rétablir l'équilibre des populations sans que le contrat implique aucune idée de retour. Il est naturel qu'en ce cas l'émigrant paie son voyage avec la seule chose qu'il possède, son labeur. Si l'on déroge ainsi au principe du travail libre, au moins y a-t-il en somme avantage définitif pour la communauté, et d'ailleurs, une fois cette dette acquittée, le nouveau venu rentre dans la loi commune, tandis que sa position aujourd'hui diffère peu d'un esclavage mitigé. Quel souci prendra-t-il d'une tâche dont la stérilité lui est notoire, et d'autre part est-on fondé à espérer que le maître aura à son égard même l'intérêt égoïste qu'il portait jadis à l'esclave devenu sa propriété ? Dans toute maladie, le planteur ne verra qu'une perte pécuniaire, et si le traitement se prolonge, il en viendra naturellement à envisager la mort comme une solution plus désirable que l'entretien d'une santé ruinée. En un mot, je ne crois pas que la question si débattue du travail sous les tropiques soit résolue par l'émigration, telle qu'elle existe aujourd'hui. Sous ces latitudes comme sous les nôtres, le travail libre, désormais seul productif et viable, deviendra la loi générale dans un délai peut-être plus rapproché qu'on ne se le figure, il faut l'espérer du moins ; mais ceux qui croient encore aux utopies de nos réformateurs et à ce rêve caché sous le beau titre d'organisation du travail, ceux-là, dis-je, n'ont pour s'édifier qu'à étudier, soit dans l'Ordre économique, soit dans l'ordre moral, les résultats de l'informe essai d'organisation de travail émigrant tenté aux Antilles.

Les deux décrets autorisant l'émigration aux colonies et la régularisant datent des premiers mois de 1852. Ce ne fut qu'en 1853 cependant qu'ils reçurent un commencement d'application ; encore l'introduction fort insignifiante de cette année se réduisit-elle à 327 Indiens pour la Martinique et à 300 Madériens pour la Guadeloupe. Le recrutement de ces derniers avait eu lieu à titre d'essai : il n'eut pas de suite, bien que, sauf la trop courte durée d'un engagement limité à trois ans, les conditions pécuniaires en fussent avantageuses ; mais toutes les idées étaient alors tournées vers les coulies de l'Inde, qui jusqu'en 1856 alimentèrent seuls l'émigration aux deux îles. Hommes, femmes et enfants, il en arriva pendant ces trois ans 5.000, qui furent répartis entre la Martinique et la Guadeloupe. L'opinion devenait de plus en plus favorable à l'emploi de ces travailleurs étrangers, auxquels, à partir de 1857, vinrent se joindre des noirs importés de la côte d'Afrique, si bien qu'au 1er janvier 1861 la Guadeloupe avait reçu 14.347 émigrants, dont 6.363 Africains, et la Martinique 14.496, dont 5.621 Africains. Mentionnons également pour mémoire une introduction de Chinois (428 à la Guadeloupe, 979 à la Martinique), qui, sans être abandonnée en principe, semble néanmoins trop onéreuse pour donner de longtemps des résultats numériques comparables aux deux autres sources d'immigration.

Voilà donc une première période de huit ans, suffisante à la rigueur pour apprécier les mouvements en divers sens de cette population sur le nouveau théâtre de ses travaux. Or à la Martinique, où cette statistique a été tenue avec plus de soin qu'à la Guadeloupe, nous voyons que dans ce laps de temps le total des décédés a été de 2.883, dont 1.672 Indiens. Ce serait une perte de

18,3 pour 100, laquelle, en tenant compte de la durée de séjour de chaque convoi, donnerait une moyenne de décès annuelle de 6,16 pour 100 pour l'ensemble des émigrants, de 10,5 pour 100 pour les Africains, de 5,1 pour 100 pour les Indiens, et de 5,8 pour 100 pour les Chinois. On peut prendre pour double terme de comparaison la même moyenne annuelle, qui est de 3 pour 100 pour la population générale de l'île, et de 10 à 12 pour 100 pour les troupes de la garnison. Il est impossible de ne pas être frappé au premier abord de la grande différence qui ressort de ces chiffres entre les deux principaux éléments de l'émigration.

Malheureusement les résultats observés à la Guadeloupe ne confirment que trop cet excès de mortalité chez les Africains : en quatre ans et demi, il s'y sont vus réduits de 6.363 à 4.642, ce qui, toujours en tenant compte des différences de séjour, donnerait un déchet annuel de 13,5 pour 100. Il est probable en somme que dans les deux colonies la moyenne annuelle des décès africains est de 10 pour 100, c'est-à-dire double de celle des décès indiens, et le fait est important à noter. C'est avec intention que je n'ai pas parlé des naissances dans ce mouvement de population à cause de la position anormale où se trouvent les émigrants à cet égard et de la disproportion des sexes. Toutefois peut-être n'est-il pas inutile de dire que cette source d'accroissement a été, en moyenne annuelle, pour les Indiens de 1,14 pour 100, et pour les Africains de 0,30 pour 100.

Il est plus difficile de déterminer rigoureusement les conditions financières dans lesquelles fonctionne l'émigration. Non-seulement en effet les convois d'émigrants sont soumis à des prix qui varient avec les marchés des diverses compagnies adjudicataires de ces transports, mais il est un autre élément essentiel de cette appréciation qu'il est impossible de déterminer d'avance : je veux parler de la quantité de travail moyennement obtenue. Sans suivre les fluctuations des prix d'achat ou primes à payer aux compagnies, nous dirons que dans ces dernières années un Indien coûtait environ 400 francs de première mise pour cinq ans, un Africain 500 francs pour dix ans, un Chinois 650 francs pour cinq ans, et 800 francs pour huit ans. La caisse coloniale se substituait à l'engagiste pour la majeure partie de ce paiement, et elle se remboursait de ses avances par annuités. La solde stipulée était pour un Indien et un Africain de 12 francs par mois, pour un Chinois de 20 francs. Il ne restait à l'habitant qu'à loger, à vêtir ses engagés, dépense relativement insignifiante, et à les nourrir conformément à certains règlements. C'est ici qu'intervient dans l'évaluation du travail émigrant le nombre de journées fournies mensuellement, et rien n'est plus variable que cet élément. Jamais d'abord il n'atteint le chiffre de 26 fixé par les contrats d'engagement, il s'élève rarement au-dessus de 20, et il descend fréquemment jusqu'à 10. D'après un relevé consciencieux de M. Monnerot, commissaire d'émigration à la Martinique, on voit que sur 196.000 journées de travail pour les Indiens, 17.000 pour les Africains et 10.000 pour les Chinois, la moyenne mensuelle a été de 15,6 journées pour les premiers, de 14,1 pour les seconds, et de 11,4 pour les troisièmes. Ce relevé, établi d'après les comptes de douze habitations prises dans des conditions différentes, permet de déterminer des prix de revient s'écartant peu de la vérité pour les trois journées de travail. La plus chère sera celle du Chinois à 3 fr. 19 c., puis viendront celle de l'Indien à 2 fr. 14 c, et celle de l'Africain à 1 fr. 88 c.

Ces chiffres n'ont rien d'exorbitant. Aussi n'est-il point douteux que, mieux comprise et mieux pratiquée, l'émigration ne soit pour nos colonies le remède le plus efficace ; nous ne blâmons dans l'application qui en a été faite qu'une tendance rétrograde dont le règne sera probablement passager. À mesure que le courant s'établira entre les Antilles et les divers foyers d'émigrants, on verra quelques familles de ces derniers se fixer définitivement sur un sol qui leur est en somme plus hospitalier que le leur. Peu à peu, ce noyau grossissant, toute existence oisive au sein d'une population ainsi accrue deviendra impossible, et le nègre se verra ainsi forcément, mais naturellement, ramené au travail. En d'autres termes, la véritable plaie des Antilles, tant françaises qu'étrangères, est le manque d'habitants, et cela est si vrai que la seule de ces îles où la liberté des nègres n'ait changé ni la production sucrière, ni les conditions du travail, a été la petite colonie anglaise de la Barbade, dont la population a presque atteint une densité européenne (240 personnes par kilomètre carré). Partout ailleurs les Anglais, qui nous avaient précédés dans la voie de l'émancipation, ont vu comme nous, et même plus que nous, les noirs déserter les habitations pour vivre de vagabondage ; la Guyane et la Trinité se sont seules relevées parce qu'elles sont entrées les premières dans la voie de l'émigration. Un trait de mœurs curieux fut de voir l'opposition soulevée en Angleterre par cette mesure chez le puissant parti des abolitionnistes. Son principal argument était l'injustice et l'inhumanité qu'il y avait à susciter une concurrence au travail nègre. En vain le parti adverse cherchait-il à faire comprendre à ces négrophiles trop enthousiastes qu'ils dépassaient le but, que le sort des noirs serait encore matériellement préférable à celui de bien des ouvriers en Angleterre, que l'intérêt des planteurs d'ailleurs méritait aussi d'entrer en ligne de compte : les *meetings* ne s'en succédaient qu'avec plus d'acharnement à Exeter-Hall, et l'on vit le parlement lui-même saisi par M. Buxton, au nom des abolitionnistes, d'une motion ne tendant à rien moins qu'à suspendre toute introduction d'émigrants. Ce n'était pas assez que le nègre fût libre dans la pleine acception du mot, on voulait de plus qu'il fût libre de ne rien faire. Cette ridicule opposition ne s'est point manifestée chez nous, mais il s'en faut néanmoins que le dernier mot soit dit sur une émigration où l'on s'est borné à substituer purement et simplement le coulie à l'esclave.

Que dire de la position religieuse des émigrants de nos colonies ? Nous avons là des sectateurs de Confucius, des enfants de Bouddha, des affiliés du *vaudoux* ; nous avons aussi en Chine, dans l'Inde et en Afrique, on le sait, des missionnaires parfois trop ardents à la conversion des infidèles. Eh bien ! aux Antilles, non-seulement le clergé ne cherche en aucune façon à catéchiser des prosélytes qui s'offrent aussi naturellement à lui, mais il semble, qui plus est, éviter de soulever cette question, et le silence est si complet à cet égard que l'on est tout étonné de voir le contrat d'engagement des Indiens leur accorder, à la fin de l'année, quatre jours de congé pour célébrer la fête du Pongol. Pourquoi ce mépris inusité d'un levier dont la puissance ne saurait être mise en doute ? D'où vient cette attitude si peu en harmonie avec les traditions de l'église en pareille matière ? Je l'ignore. Les Africains pourtant seraient, dans la forme sinon dans le fond, une conquête aussi facile qu'au temps de l'esclavage, ne fût-ce qu'en raison de la haute idée du rôle de chrétien que leur donnent les nègres créoles par la méprisante appellation de *sans baptême*. J'ai vu sur une habitation la femme du propriétaire, essayant de faire revivre un antique usage colonial, réunir soir et matin ses émigrants pour une prière à laquelle venaient se joindre quelques éléments d'instruction religieuse. Les progrès étaient lents, et les plus savants au bout de trois mois n'avaient guère dépassé le signe de la croix, si bien que la pauvre dame finit par appeler à son aide le curé de la paroisse ; ce dernier refusa net, quoiqu'il connût mieux que personne l'empire sans bornes du prêtre sur le nègre catholique. Peut-être les Indiens se laisseraient-ils convertir moins aisément. Il est certain que, sur quelques habitations, il en est qui conservent leurs rites, qui adoptent pour autel un arbre aux branches duquel seront suspendus en guise d'*ex-voto* des fleurs, des chiffons, des fruits ; dans les grandes circonstances, une victime sera même immolée. Je me souviens d'un mariage célébré de la sorte : les réjouissances furent complètes, la procession se fit en grande pompe, on cassa force noix de cocos, et le mouton fut tué avec toute la pompe désirable. La mariée était jolie, élégance de formes, pureté d'attaches, grâce dans les lignes, tous les caractères de beauté de sa race étaient réunis en elle. Elle n'en avait pas moins cherché à les rehausser par un arsenal complet de colliers, de verroteries, de bracelets et d'anneaux soudés et rivés à ses bras et à ses jambes, ainsi que par de petites plaques métalliques que fixaient sur le nez des boulons et des écrous lilliputiens. J'ajoute à regret que la nouvelle épouse avait la corde au col, et qu'elle ne s'en inquiétait guère. L'Indien qui remplissait les fonctions de prêtre en tenait le bout à la main, et le remit solennellement au mari. La prise de possession était consommée.

La diversité de tendances de nos deux colonies se manifeste par la manière dont y sont appréciées les différentes classes d'émigrants. À la Martinique, où les anciennes idées et les principes aristocratiques cherchent constamment à reprendre le dessus, on préfère l'émigration africaine comme offrant l'avantage de se mêler facilement aux noirs indigènes, de ne jamais songer à un rapatriement qui serait pour elle l'esclavage, et d'augmenter ainsi indéfiniment la population du pays. À cela la Guadeloupe, qui semble préférer l'élément coulie, répond qu'il y a peut-être un danger à accroître ainsi indéfiniment le nombre des noirs là où. la population blanche est à peu près stationnaire depuis un siècle. Avec la fainéantise qui caractérise le nègre abandonné à lui-même, on pourrait, dit-elle, en introduire dans chacune de nos colonies vingt-cinq ou trente mille qui y trouveraient une nourriture large et facile sans ajouter un boucaut à la production sucrière. — A ce point de vue, la qualité doit l'emporter sur la quantité, et le coulie, bien que physiquement inférieur au nègre, devrait lui être préféré, précisément parce que de longues années s'écouleront avant que ces deux éléments ne se mélangent. C'est la vieille maxime : *divide ut imperes* ! Le planteur de la Guadeloupe est d'ailleurs plus humain à l'égard de ses travailleurs que- ne l'est en général celui de la Martinique, et il est incontestable qu'il a obtenu de l'émigration indienne des résultats remarquables. On peut citer entre autres une importante habitation de 150 coulies dans les environs de la Pointe-à-Pître, où le propriétaire seul est blanc ; régisseur, économes, commandeurs, tous sont Indiens, et quand le maître s'absente, c'est entre leurs mains qu'il laisse ses intérêts sans jamais avoir eu à s'en repentir. Bien que de semblables faits parlent d'eux-mêmes, je ne crois pas qu'il y ait lieu d'en conclure à une supériorité marquée d'une émigration sur l'autre ; chacune d'elles a certaines qualités qui lui sont propres, et tous, Indiens, Africains et Chinois, tous doivent être également les bienvenus dans nos îles, tous y peuvent trouver un bien-être relatif qu'ils n'ont jamais connu chez eux. Aussi, dans l'intérêt des deux parties, ne devons-nous rien négliger pour les y retenir, et c'est ce qui rend particulièrement regrettable la suppression récente de l'émigration africaine.

Il est assez curieux que l'émancipation ait amené le recrutement des travailleurs dans nos colonies à redevenir à peu de chose près ce qu'il était avant l'établissement définitif de l'esclavage. Qu'est-ce en effet que l'émigrant, sinon une modification de ces engagés blancs du XVIIe siècle, qui payaient leur passage au prix de trois années de liberté, et dont les souffrances rappellent les plus affreux épisodes de la traite ? « Plus de trente qui étaient agonisants, dit le père Dutertre en racontant le débarquement d'un de ces convois d'engagés à Saint-Christophe, furent laissés sur le bord de la mer, n'ayant pas la force de se traîner dans quelque case, et, personne ne s'étant mis en peine de les aller quérir le soir, ils furent mangés par les crabes, qui étaient pour lors descendus des montagnes en si prodigieuse quantité qu'il y en avait des monceaux aussi hauts que des cases par-dessus ces pauvres misérables. Huit jours après, il n'y eut personne qui ne fût saisi d'horreur en voyant leurs os sur le sable tellement nets que les crabes n'y avaient pas laissé un seul morceau de chair. » Il est inutile de dire qu'en rapprochant le sort de l'émigrant de celui de l'engagé, nous ne souhaitons point au premier le retour de semblables misères. Toutefois, et au risque de nous faire anathématiser par les philanthropes abolitionnistes de la métropole, il est un vœu que nous ne pouvons nous empêcher de formuler comme résumant toutes les conclusions à tirer sur l'avenir du travail colonial : c'est que la population noire de ces îles apprenne à connaître la misère qu'entraîne ailleurs la fainéantise. À Dieu ne plaise que nous appelions la plaie du paupérisme sur aucun pays, si imperceptible qu'il soit sur la carte du monde ! mais on sera dans le vrai en disant que, l'esclavage mis hors de cause, les Antilles ne pourront renaître à leur ancienne prospérité avant le jour où, même sous ce climat privilégié, la possibilité de la misère rendra le travail obligatoire. Ajoutons, pour échapper à tout soupçon d'insensibilité, que, ce vœu fût-il jamais exaucé, les conditions matérielles de l'existence n'en seront pas moins encore bien plus douces pour le nègre créole que pour le travailleur européen.

Il n'est point douteux qu'avec le temps l'émigration n'amène le résultat désiré, et il resté maintenant à montrer quelle transformation industrielle fera subir à nos colonies cette substitution d'un travail véritablement libre à l'imparfaite ébauche d'organisation tentée depuis quelques années ; mais auparavant, puisque le mot de misère a été prononcé, j'en veux citer le seul exemple réel que j'aie rencontré aux Antilles. Il est à la fois caractéristique et touchant. À l'écart du groupe des Saintes, situé au sud de la Guadeloupe, est un rocher sauvage de toutes parts battu par la lame de l'Océan, sans que l'on y puisse prendre pied ailleurs que sur quelques mètres de plage sablonneuse abrités derrière un récif. On le nomme le Gros-Ilet. De date immémoriale et même, dit-on, depuis les premières années de la découverte, il n'a été habité que par deux familles normandes, les Foix et les Bride, dont les descendants peu nombreux se sont de plus en plus attachés à ce coin de terre isolé. Longtemps ils s'y maintinrent dans une aisance relative : la pêche, le jardinage et quelques bestiaux suffisaient à leurs besoins, et une petite culture de cotonniers était même pour eux la source d'un léger revenu, lorsqu'un jour arriva où cette modeste prospérité atteignit son terme. Peu à peu les morts surpassèrent les naissances, le nombre des ménages diminua, on vit l'une après l'autre se fermer les cabanes abandonnées, et la misère vint frapper à la porte de celles qui étaient encore occupées. Lors de notre visite, la maladie venait d'enlever coup sur coup les trois hommes les plus valides de la communauté. Nous fûmes reçus par les femmes, qui se trouvaient seules au village avec les enfants, Rien ne semblait créole en elles : chez toutes, le type normand s'était conservé singulièrement pur, et non-seulement le type, mais les formes du langage, les noms des enfants, tout en un mot. Bien que notre curiosité parût les étonner, elles s'y prêtaient de bonne grâce, et les aïeules, en remontant au plus haut de leurs souvenirs, revenaient complaisamment sur les beaux jours de leur enfance, « alors, disaient-elles, que leurs parents avaient des esclaves ! » Hélas ! cette splendeur avait fait place à une misère qui se révélait trop visiblement dans les regards de convoitise jetés sur quelques provisions, légumes secs, biscuit et viande salée, apportées du bord à leur intention. Le monde extérieur existait d'ailleurs si peu pour ces pauvres gens, qu'ils nous demandèrent dans quel mois de l'année l'on se trouvait. Quant à quitter l'île, nul n'y songeait ; ils en seront les derniers habitants, comme leurs pères en ont été les premiers. Les enfants iront chercher fortune ailleurs.

III

C'était une belle industrie que celle de la canne à sucre telle que nos colonies l'ont pratiquée pendant plus de deux siècles. N'exigeant aucun secours du dehors, se suffisant à elle-même en toutes circonstances, elle a enrichi assez de colons pour être regrettée, et il y a plus que de l'injustice à transformer son oraison funèbre en acte d'accusation, comme on l'entend souvent faire aujourd'hui que les progrès de la science et de nouvelles conditions de travail sont à la veille d'introduire dans ces îles une véritable révolution manufacturière. Nous ne décrirons pas cette industrie. Rappelons seulement qu'elle se composait de deux parties distinctes, la culture de la canne et la fabrication du sucre, que chaque propriétaire, chaque habitant faisait face à cette double tâche, cultivant, récoltant et fabriquant lui-même, et que l'on avait atteint ainsi à une perfection relative, en général beaucoup trop dédaigneusement jugée en Europe. La récolte durait quatre mois environ ; c'était ce que l'on appelait la *roulaison*. Alors, dès l'aube, les ateliers de nègres envahissaient les champs de cannes et abattaient à coups de coutelas les épaisses touffes de roseaux,

172

pendant que d'autres travailleurs en formaient des faisceaux qu'apportaient au moulin des *cabrouets* pesamment traînés par leur attelage de bœufs. Le moulin, domaine des négresses chargées de l'alimenter, était comme le centre de ce mouvement qui rappelait la gaîté et l'animation de nos vendanges, et un feu roulant de plaisanteries s'y échangeait sans cesse entre les allants et les venants. C'était de là que le jus extrait de la canne se rendait, sous le nom de *vesou*, dans la série des chaudières de cuite et d'évaporation chauffées au moyen de la *bagasse* (cannes laminées et desséchées), et le travail souvent se prolongeait bien avant dans la nuit. Brûler bagasse, c'était le dernier mot de l'ambition créole, c'était pour le colon l'inscription au livre d'or de l'aristocratie terrienne. Ne parvînt-il, au moyen de deux méchants cylindres mus par une mule, qu'à extraire une fraction de *vesou* cuit à l'aventure dans quelque chaudière de pacotille, n'eût-il produit à la fin de sa roulaison que vingt ou trente boucauts d'un sucre équivoque, l'habitant n'en portait pas moins haut la tête : il avait brûlé bagasse !

Tel était le passé. Ce qui y frappe d'abord, c'est l'absence de toute division du travail. Il semble voir nos fermiers joindre aux soins de la récolte la surveillance du moulin qui transformera leurs blés en farine, et j'emploie à dessein cette comparaison, parce qu'elle va nous indiquer en deux mots le but vers lequel tendent les usines centrales, qui sont pour nos colonies et le progrès le plus désirable et la grande préoccupation du moment. Séparer la culture de la fabrication afin de supprimer un outillage qui absorbe le plus clair du revenu, remplacer dix sucreries, dont les dix moulins insuffisants n'extraient pas en moyenne 50 pour 100 du jus de la canne, par un établissement unique dont le matériel perfectionné donnerait 75 pour 100 de jus, rendre ainsi à la culture les bras qui lui manquent, tout le secret est là. La Guadeloupe entra la première dans cette voie nouvelle, grâce à la nature particulière de son sol, qui, dans toute la partie de l'île appelée Grande-Terre, se prêtait exceptionnellement au transport des cannes. Dès 1853, quatre usines centrales y fonctionnaient, Bellevue, Zevallos, Marly et la Grande-Anse, et ne tardèrent pas à donner des dividendes faits pour convertir les retardataires les plus incrédules. À Marly par exemple, en 1858, le rapport des bénéfices au prix des cannes n'allait pas à moins de 87 pour 100 ! Admettons, si l'on veut, une certaine exagération dans ce chiffre, puisé pourtant à bonne source et sur les lieux ; on n'en sera pas moins étonné, si l'on songe qu'à La Havane, où l'ensemble des capitaux employés à l'industrie sucrière est évalué à près d'un milliard, le produit annuel de cette industrie ne dépasse guère 150 millions de francs. Ce n'est qu'un intérêt de 15 pour 100. Et n'oublions pas, en citant ces chiffres, que les 1.500 sucreries de Cuba donnent dix fois autant que les 500 sucreries de la Martinique, que, grâce à l'or américain, les nouveaux procédés de fabrication s'y sont tellement répandus que l'île reçoit chaque année pour près de 3 millions de francs de machines destinées à des usines dont le développement laisse bien loin en arrière tout ce que nous rêvons pour nos Antilles. L'habitation Alava, par exemple, à Cardenas, produit par an 20.000 *cajas*, ou caisses, de 200 kilogrammes sur 200 hectares, cultivés par 600 esclaves. L'habitation Flor-de-Cuba, avec 729 esclaves, récolte 18.000 *cajas* sur 124 hectares seulement. On en pourrait nommer cent autres. Cuba, en un mot, représentera dernière expression du travail servile, et l'on y trouve, en raison de la fécondité du sol et du voisinage des États-Unis, une réunion d'éléments de succès que l'on chercherait vainement ailleurs. On voit néanmoins que la moyenne des gains n'y a rien de formidable ; ce n'est pas cette concurrence qui doit effrayer le travail libre.

La Martinique se laissa distancer dans cette course au progrès ; mais la cause n'en fut pas tant au manque d'initiative qu'à l'absence de routes et aux difficultés dont la disposition montagneuse des lieux entourait les charrois. Cependant l'usine de la Pointe-Simon, qui s'éleva la première sur les bords de la magnifique rade de Fort-de-France, fabriquait dès 1859 plus de 2.000 barriques de sucre (de 500 kilogrammes) par an, et elle réussissait si bien au gré de ses propriétaires que leur plus vif désir était de pouvoir fonder des établissements analogues sur d'autres points de la colonie. Il est à craindre malheureusement que de longues années ne se passent encore avant que le progrès réalisé par les usines centrales soit devenu la loi générale de nos Antilles. Le principal obstacle gît dans la difficulté des transports et des communications à l'intérieur ; mais, à défaut de ces grands centres d'une production de 2 à 3.000 barriques, la séparation de la culture et de la fabrication sera également réalisée dans les localités moins accessibles par la création d'usines secondaires ne produisant pas au-delà d'un millier de barriques. Ce serait le coup de grâce pour toutes ces petites habitations de 100 barriques et au-dessous, baptisées sans façon par nos colons du sobriquet de *sucrottes* ; mais ce coup de grâce serait en même temps leur salut et celui de tous les petits producteurs, qui cherchent en vain aujourd'hui à faire face avec des capitaux insuffisants aux frais multipliés de leur double tâche. Sans entrer d'ailleurs dans le détail un peu aride des nouveaux procédés industriels mis en œuvre par les usines centrales, nous nous bornerons à jeter un rapide coup d'œil sur l'un des plus récents de ces splendides établissements. L'histoire de cette usine résume en quelque sorte celle de nos colonies dans le passé et dans l'avenir.

L'étendue de plaine la plus considérable que renferme la Martinique fait partie de la commune du Lamentin. On y arrive en suivant une petite rivière qui débouché dans le fond de la baie de Fort-de- France après avoir serpenté quelque temps sous un dôme de palétuviers ; ce n'est qu'au sortir des terres d'alluvion conquises sur la mer par l'entrelacement de leurs racines que se montrent le bourg du Lamentin et les riches cultures qui l'entourent. J'y fis ma première visite en 1859. Il n'était bruit alors dans la colonie que des projets gigantesques d'un nouvel arrivé d'Europe, dont l'intention hautement annoncée était non-seulement de remettre en valeur ce quartier formé d'anciennes propriétés de famille longtemps abandonnées, mais aussi d'y créer de toutes pièces une usine centrale modèle. Resté jeune en possession d'une fortune énorme. M. de... n'avait pu résister au besoin d'activité qui formait le fond de sa nature, et, quittant femme et enfants, il avait volontairement échangé son opulente existence parisienne pour la vie rude et périlleuse du pionnier sous le ciel des tropiques. Les hommes et les choses, le sol et le climat, l'inertie et la routine, il avait tout à combattre : rien ne l'effraya, et, risquant tout à la fois sa santé et sa fortune, il se mit résolument à la tête de ses travailleurs. Ce fut au milieu d'eux que nous le rencontrâmes, et qu'il nous développa les plans de tout genre qu'il avait conçus. « Ces arbres séculaires, ensevelis sous des lianes dont l'inextricable végétation rappelait les forêts vierges du Nouveau-Monde, devaient tomber sous la hache. Ces savanes qui s'étendaient à perte de vue deviendraient avant deux ans de fertiles terres à cannes. Là où tournait l'antique moulin à eau s'élèverait une usine à vapeur produisant 2.500 barriques de sucre par an. La puissance hydraulique, ainsi économisée alimenterait un réservoir dont les eaux seraient utilisées pour l'arrosage au moyen d'un ensemble de tuyaux de conduite rayonnant dans les champs environnants. Ces champs seraient recouverts d'un réseau de chemins de fer, les uns fixes, les autres volants, destinés à amener à l'usine les cannes récoltées avant trois ans sur les deux tiers des 700 hectares qu'il avait réunis en un seul morceau. » J'avais pour compagnon un créole de la vieille roche qui écoutait ces enthousiastes projets d'avenir avec le sourire de la plus railleuse incrédulité. Ce fut bien pis quand M. de… nous conduisit à une poterie mécanique établie par lui sur les bords de la mer, quand il nous par la d'une caféière future sur un autre point de la colonie, etc. Telle était en effet à cette époque l'impression la plus généralement répandue dans l'Ile sur l'entreprise de M. de… ; mais l'or fait bien des miracles, quand l'énergie, l'intelligence et l'activité en règlent l'emploi. Les arrivées successives de convois d'émigrants permirent de porter rapidement à 500 le nombre des travailleurs. Dès 1862, les plantations avaient succédé aux défrichements, les divers appareils de l'usine étaient mis à terre et montés, et la campagne de 1863 se traduisit par une production de 2.500 barriques. Aujourd'hui la forêt vierge a disparu, les principales artères du réseau ferré sont terminées, les embranchements se construisent, et l'on compte, à partir de 1864, ne pas tomber au-dessous d'un chiffre de 3.000 barriques. Ma première visite au Lamentin m'avait conduit chez un des voisins de campagne de M. de…, resté partisan intraitable des anciennes méthodes coloniales et retirant d'ailleurs de sa sucrerie un revenu très confortable. Inutile de dire de quels brocards variés il assaillait en 1859 les châteaux en Espagne que l'on voulait faire sortir des boues du Lamentin ; mais d'année en année les plaisanteries se ralentirent, et aujourd'hui il s'est vu tout naturellement amené à fermer sa sucrerie pour envoyer ses cannes à l'usine comme on envoie le blé au moulin.

C'est là l'inévitable avenir qui attend les propriétaires de sucreries situées dans le voisinage des usines. La spéculation que nous venons de raconter ne s'est compliquée d'un aussi vaste ensemble de cultures qu'en raison de la position de M. de…, propriétaire de terrains considérables que lui seul pouvait remettre en valeur. En d'autres termes, l'introduction des usines centrales dans nos îles à sucre semble surtout un progrès, en ce qu'elle y entraînera forcément dans un temps donné l'avènement de la petite propriété. On conçoit que la culture fût jadis impossible sur une échelle restreinte, alors qu'elle se doublait des lourdes dépenses de la fabrication, et d'ailleurs c'eût été de toute façon une voie dangereuse au temps de l'esclavage. Non-seulement il doit en être autrement désormais, mais c'est dans la petite culture, si je ne me trompe, que gisent l'avenir et le salut de nos colonies. Elle seule, en inspirant aux nègres le sentiment de la propriété, en leur créant de nouvelles notions de bien-être, pourra les faire sortir de leur apathie et les ramener régulièrement au travail ; elle seule pourra fixer dans la colonie, à l'expiration de leur engagement, les émigrants que nous y avons coûteusement introduits ; elle seule mettra un terme à l'uniformité de tâches mercenaires et improductives qui répugnent aux travailleurs ; elle seule enfin pourra accroître la population agricole et par suite la production sucrière de nos îles. Ce sont là, pour ces colonies, des questions brûlantes, et on ne pourra guère les résoudre qu'en triomphant du souverain mépris avec lequel l'habitant accueille les vœux que l'on se hasarde à former pour l'établissement de la petite culture. Il dépend du gouvernement métropolitain de combattre de tels préjugés en faisant disparaître de notre législation coloniale certaines mesures conservées par tradition, telles par exemple que l'inégalité des droits de transmission, beaucoup trop favorables à la grande propriété. Depuis plusieurs années, la Martinique donne une récolte peu variable d'environ 70.000 barriques ; la Guadeloupe oscille de même autour de 60.000 barriques. Pour atteindre le chiffre de 100.000 barriques, tant rêvé par les deux îles et si souvent annoncé par elles, pour le dépasser même, que faudrait-il maintenant que les usines existent ? Dans chaque colonie, un accroissement de culture répondant à une augmentation de 15.000 travailleurs. Pour la grande propriété, c'est un problème que des millions peuvent seuls résoudre ; pour la petite, c'est le secret de quelques années.

Chapitre 2

Les Antilles françaises et la liberté commerciale

Les résultats de la grande expérience du travail libre aux Antilles sont aujourd'hui connus. L'avènement de la propriété moyenne, le développement de la petite culture y sont désormais assurés. Ce n'est point assez cependant que d'avoir donné au travail colonial une impulsion féconde ; il faut qu'à l'accroissement de la production réponde un accroissement de débouchés, et ici se présente un sujet d'études non moins intéressant que le premier. Ici encore nous pouvons contrôler par des souvenirs et des observations personnels les résultats déjà obtenus et les espérances qu'on est en droit de concevoir.

La grande guerre du libre échange semble terminée en Europe. Le terrain que gagnent chaque jour les nouvelles doctrines dans le domaine de la pratique en est la preuve. Il s'en faut de beaucoup néanmoins que le combat ait cessé partout, et de même que parfois, aux extrémités d'un champ de bataille, un engagement partiel continue quelque temps après la charge qui a décidé la victoire au centre, de même l'armée protectionniste n'est pas si bien en déroute qu'on n'en voie de loin en loin quelque bataillon isolé s'acculer dans une dernière tentative de résistance avant de lâcher pied définitivement. Ce qui se passe dans les Antilles françaises depuis quelques années ressemble beaucoup à une de ces escarmouches. Après avoir vécu deux siècles sous le régime de la prohibition la plus sévère, et éloignés, qui plus est, du grand courant des idées européennes, nos colons naturellement n'accueillirent d'abord qu'avec réserve les réformes proposées, et la lumière se fit chez eux plus tard qu'en France. Cependant, lorsqu'ils en vinrent à réclamer le bénéfice de ces réformes, ils rencontrèrent une opposition obstinée chez les principaux organes du commerce métropolitain, qui renonçait difficilement aux avantages d'une exploitation séculaire, et qui croyait voir un gage de succès dans l'éloignement du théâtre où se produisaient les réclamations. C'est cette situation de la société des Antilles en présence du commerce français qu'il est opportun d'étudier, en la comparant surtout avec le régime antérieur. On en dégagera ainsi des enseignements qui montrent l'avenir de nos îles sous un jour plus rassurant que ne le voient les créoles eux-mêmes. Il est vrai qu'ils sont payés pour être pessimistes.

Il est peu de personnes qui ne sachent ce qu'on entendait par le fameux pacte colonial dont les prescriptions ont si longtemps été la loi suprême de nos possessions d'outre-mer, et qui avait posé l'interdiction absolue du commerce étranger comme la clef de voûte de tout le système. Il érigeait en principe, et cela de la façon la plus solennelle, ainsi qu'on le voit clairement dans les instructions données par le roi Louis XV au comte d'Ennery, envoyé en 1765 comme gouverneur à la

Martinique, « que les colonies sont établies pour l'utilité de leurs métropoles, et qu'elles en doivent consommer les produits. » Du principe posé découlaient les trois conséquences suivantes : la première, que les colonies, bien loin d'être assimilables aux provinces de France, en diffèrent autant que le moyen diffère de la fin, et qu'elles ne sont absolument que des établissements de commerce ; la seconde, et ceci est moins sujet à contestation, qu'une colonie est d'autant plus avantageuse que ses produits diffèrent davantage de ceux de la métropole. La troisième et dernière conséquence de cette belle théorie est, on le devine aisément, la prohibition la plus absolue de tout commerce étranger par cette triomphante raison, que « si dans le royaume le commerce n'est encouragé qu'en faveur de la culture, dans les colonies au contraire la culture n'est encouragée et établie qu'en faveur du commerce. » L'exploitation, on le voit, était fort peu déguisée malgré l'apparat scientifique des formules ; mais ces doctrines étaient alors celles de toutes les nations maritimes, et nos colons ne s'en seraient pas plaints sans l'infidélité avec laquelle la métropole tenait ses engagements à leur égard. L'histoire des Antilles françaises au XVIIe siècle n'est pleine que de ces récriminations, des désordres et des séditions qu'elles entraînaient, et cela depuis la première association des seigneurs de la compagnie des îles d'Amérique, formée en 1626, avec le cardinal de Richelieu pour chef et 45.000 livres de fonds social. Sans les soixante ou quatre-vingts vaisseaux hollandais qui venaient chaque année ravitailler nos colonies naissantes, on y serait littéralement mort de faim. Aussi la compagnie déposait-elle son bilan en 1650, en vendant en bloc pour 60.000 livres la Martinique, Sainte-Lucie, la Grenade et les Grenadins ! Quelques années plus tard, la Martinique seule était revendue 120.000 livres ; il y avait progrès. Ce ne fut qu'en 1664 que la main vigoureuse de Colbert se fit sentir dans ces parages éloignés par l'établissement d'une nouvelle compagnie et de prohibitions effectives, car jusque-là, faute de répression, le commerce des îles, restreint en droit, était presque libre de fait. Celui qu'y faisaient les Hollandais s'élevait à la somme, considérable pour l'époque, de 3 millions par an.

Le pacte colonial ne fut véritablement appliqué dans nos Antilles qu'en 1664 d'abord, et jusqu'en 1674, par l'intermédiaire d'une compagnie, puis sous l'autorité directe du roi. Dans ces dernières conditions du moins, le monopole s'étendait à tout le commerce national, et comme avec le temps ce système se coordonnait de plus en plus dans ses diverses parties, comme les idées admises et pratiquées par toutes les nations le rendaient presque logique, les colonies lui durent une splendeur qu'elles n'ont pas retrouvée. Leur plus brillante période fut la première moitié de ce XVIIIe siècle dont l'historien philosophe Daunou disait « qu'un homme né en France vers 1705, ayant échappé par l'enfance aux malheurs des dernières années de Louis XIV, et mort vers 1785, après avoir vécu ses quatre-vingts ans, pourrait se vanter d'avoir été aussi heureux que le comporte l'histoire de l'humanité. » Une habitation de cent vingt nègres valait alors 1 million de francs, et d'après Raynal, le produit net d'un arpent de terre en de bonnes conditions y était de 300 livres. Les galères, il est vrai, menaçaient tout capitaine de navire convaincu d'avoir apporté aux îles des marchandises étrangères (on voit que, dans le pacte colonial, le système prohibitif ne ménageait pas les moyens) ; mais la Martinique recevait annuellement 200 bâtiments de France, 30 du Canada, 10 ou 12 de la Marguerite et de la Trinité, plus 14 ou 15 négriers. Il en fut ainsi jusqu'à ce que la guerre de 1778 vînt rompre le cours de ces prospérités, que ne rétablirent ni la révolution ni l'empire. Toutefois, comme le phénix qui renaît de ses cendres, le pacte colonial réapparaissait tout entier à chaque désastre, et les idées gouvernementales se modifiaient même si peu à cet égard, que la restauration ne trouva rien de mieux que de le consacrer à nouveau par son ordonnance du 5 février 1826 : on y renvoyait, pour les points omis, aux dispositions de 1784 ! Les choses allèrent ainsi, sans trop de réclamations, jusque vers 1840, car les termes du contrat étaient assez fidèlement observés de part et d'autre, et si le planteur créole ne pouvait envoyer son sucre qu'en France, et sous pavillon français, du moins l'y envoyait-il sur un marché où des droits protecteurs lui garantissaient le monopole.

Cependant l'ennemi grandissait à l'intérieur : c'était cette racine pivotante, la betterave, si dédaigneusement traitée au début, et qui en 1842 en était arrivée à alimenter le quart des besoins de la métropole. Sachant se montrer robuste et féconde quand il s'agissait de flatter l'amour-propre national, et sachant encore mieux se faire chétive et misérable quand on lui réclamait l'impôt, la nouvelle industrie avait si habilement intéressé le pays à sa cause, dans la guerre qu'elle faisait à la canne, qu'en 1852 ses produits, plus que doublés, entraient pour la moitié dans notre consommation. Le sucre colonial n'était plus protégé contre la betterave que par un droit différentiel de 6 francs par 100 kilogrammes. Certes, en regard de la situation faite aux colonies, l'appui que l'état prêtait à cette concurrence était une violation flagrante du pacte réciproque, et c'était une singulière façon d'appliquer l'ancien axiome, qu'une colonie est d'autant plus avantageuse que ses produits diffèrent davantage de ceux de la métropole. Toutefois le gouvernement était soutenu par l'opinion, reine despotique, qui recule rarement devant une injustice quand ses passions sont mises en jeu, et nos pauvres îles furent ici ses victimes innocentes. Les idées de libre échange gagnaient-elles du terrain grâce au crédit que leur donnait le succès de la réforme douanière dont sir Robert Peel venait de doter l'Angleterre, on ne songeait à les appliquer en France qu'au profit exclusif de la mère-patrie. De même, quand la révolution de 1848 provoqua irrésistiblement l'émancipation des noirs, ce furent encore nos îles qui payèrent les frais de la guerre. Un peu plus tard, le législateur allège les taxes qui pèsent sur les sucres étrangers, afin d'ouvrir à notre marine de commerce un plus large essor, et ces mêmes îles se voient privées par là des navires qui doivent enlever leurs récoltes. Bref, dans cet éternel chaos où s'agitaient pêle-mêle les ports de mer et les colonies, la canne et la betterave, le commerce et la navigation, la raffinerie, les primes et les *drawbacks*, un intérêt se trouvait invariablement sacrifié, celui des colonies, et cela sans nulle compensation. Il en fut ainsi jusqu'à l'année 1861, où le gouvernement fit enfin droit à leurs justes plaintes.

Nos armateurs avaient assez rapidement compris les avantages de leur situation ; ils applaudissaient volontiers par exemple à l'introduction des sucres étrangers, qui leur ouvrait le riche marché de La Havane. Qu'alors, au milieu de la récolte, nos Antilles n'eussent qu'une demi-douzaine de navires à charger au lieu de trente ou quarante, ainsi qu'on put le voir sur la rade de Saint-Pierre Martinique en 1861, les armateurs en prenaient peu de souci ; mais, si le malheureux créole, s'avisait d'invoquer le bénéfice de la réciprocité, s'il demandait à charger sous pavillon étranger ce sucre que nos capitaines dédaignaient comme une proie assurée, les chambres de commerce en France se montraient unanimes pour revendiquer les privilèges qui sauvegardaient la marine nationale. Un semblable abus était trop criant pour durer bien longtemps, et la loi du 3 juillet 1861, qui était une des conséquences naturelles du traité de commerce conclu avec l'Angleterre en 1860, y mit enfin un terme. Les dispositions en furent à peu près aussi libérales qu'on pouvait l'attendre, et si la nouvelle loi ne donnait pas à nos colonies une liberté égale à celle des colonies anglaises, au moins les assimilait-elle, sauf très peu d'exceptions, au régime commercial de la mère-patrie : le point

187

essentiel était l'autorisation d'importer et d'exporter librement tous produits sous tous pavillons, moyennant surtaxe. Succédant au pacte colonial, le nouveau régime, c'était l'âge d'or. Aussi, dans le premier moment, accorda-t-on peu d'attention à cette surtaxe, très sensible pourtant (24 francs par tonneau pour les Antilles), que la loi maintenait sur les navires étrangers. Il est bon cependant d'y regarder de près, car la question a une importance plus générale qu'il ne semble ; tout se tient en ces matières, et pour le montrer il suffira d'un exemple.

Au mois d'août 1860, un procès se jugeait à Saint-Pierre Martinique, qui mettait en grand émoi tout le commerce de la ville. Il s'agissait d'une association de négociants prévenus d'avoir vendu de la morue gâtée. L'affaire avait de quoi piquer la curiosité d'un étranger. Si l'on conçoit en effet que l'autorité prenne sous sa sauvegarde le bon aloi de certaines denrées dont la falsification peut aisément se déguiser, on comprend beaucoup moins que cette tutelle s'étende à des aliments dont la putréfaction ne peut laisser de doute à personne. J'arrivai à l'audience au milieu du plaidoyer d'un des défenseurs. Il développait une théorie de liberté commerciale qui eût assurément paru fort timide à Manchester, mais qui n'en était pas moins trop avancée pour les Antilles, car, au moment où il terminait sa péroraison par ces mots : « acheter bon marché et vendre cher, c'est le commerce tout entier, » le président l'interrompit net pour lui déclarer que le tribunal ne pouvait admettre de tels principes. « Mais, répondit le pauvre avocat, je ne défends pas le droit d'affamer les populations ; je dis seulement qu'un principe ne peut être contesté, à savoir que le commerce a pour mobile et pour but d'acheter bon marché et de vendre cher. C'est son existence même. — Je vous répète, reprit avec solennité le président, que le tribunal ne peut accepter de pareils principes. » L'incident ne fut pas autrement vidé, les négociants furent condamnés, et je sortis en songeant que, dans la plupart des pays, le boucher qui chercherait à vendre de la viande gâtée serait tout naturellement puni par l'abandon des consommateurs, sans que la justice eût à s'en mêler ; mais les choses ne se passent pas ainsi aux colonies. La morue à la vérité n'y est pas moins de première nécessité que la viande dans nos contrées ; c'est l'indispensable aliment des campagnes, et cependant il était notoire que depuis quelque temps la qualité des arrivages de Terre-Neuve devenait de plus en plus mauvaise. En voici l'explication.

De tout temps, on le sait, l'industrie des pêches maritimes a éveillé à un haut degré la sollicitude de notre gouvernement, qui voyait là une importante école de matelots, et, de toutes les branches de la pêche maritime, la plus avantagée était sans contredit celle de la morue. Aux primes venaient s'ajouter, non pas de simples droits différentiels, mais de belles et bonnes prohibitions qui lui inféodaient à tout jamais certains marchés, parmi lesquels ceux de nos îles à sucre tenaient le premier rang, La prime n'était d'ailleurs acquise que pour ces destinations réservées. Les choses fonctionnant ainsi, on doit reconnaître qu'il y avait entre ces

189

primes et ces prohibitions une sorte d'enchaînement, grâce auquel nos colons étaient à peu près sûrs de ne pas voir leurs travailleurs mourir de faim; mais un jour vint où, dans l'espoir de donner plus d'extension à cette pépinière maritime dont nous apprécierons plus loin la juste valeur, on voulut ouvrir de nouveaux débouchés à nos pêcheurs, et l'on prima indistinctement toutes les morues exportées de Terre-Neuve, quelle qu'en fût la destination. Quel fut le résultat de cette mesure ? La plus légère connaissance des lois qui président au mouvement du commerce eût suffi à le faire prévoir. Nos armateurs, voyant aux portes de leurs pêcheries un marché de premier ordre, celui des États-Unis, marché que la prime leur permettait d'aborder dans les conditions les plus avantageuses, nos armateurs, dis-je, trouvèrent tout naturel de trier leur poisson et d'en envoyer le meilleur choix à New-York ou à Boston, assurés qu'ils étaient par leur monopole de placer le second choix ou le rebut aux Antilles. En d'autres termes, nous payions une prime pour faire manger à nos colons de la morue chère et mauvaise, en même temps que pour en servir à bon marché d'excellente aux Américains, tant il est vrai qu'en économie politique les erreurs s'enchaînent en quelque sorte fatalement dès qu'on sort du droit chemin.

C'était en 1851 que les ports de mer avaient remporté sur les colonies cette victoire mémorable, car le pacte colonial avait ce caractère essentiel qu'il constituait le planteur et l'armateur en état d'hostilité permanente ! Nouvelle victoire en 1860 : la loi des primes est prorogée pour dix ans, et le rapporteur annonce pompeusement à la chambre que les exportations de morue aux États-Unis se sont élevées en 1859 à près de 4 millions de kilogrammes. Il apprécie toutefois la situation difficile dans laquelle se trouvent nos colonies, situation dont le remède évident était d'ouvrir ces îles à la morue étrangère ; mais, et nous empruntons ici les termes mêmes du rapport, la commission n'a pu « voir sans inquiétude les produits des pêches françaises et le pavillon français livrés sans aucune protection à la concurrence anglaise ou américaine. » Le droit différentiel fut donc abaissé, mais maintenu ; le triomphe du privilège était complet. Il faut rendre cette justice à nos législateurs qu'en donnant à ces doctrines une nouvelle consécration si peu en harmonie avec les idées du jour, ils étaient guidés moins par l'intérêt d'une industrie particulière que par des motifs d'un intérêt national et public. Ce qu'ils avaient en vue, c'était notre puissance navale, et ce qu'ils voulaient avant tout, c'était favoriser une école de marins dans laquelle l'état pût trouver de plus abondantes ressources pour l'armement de ses flottes de guerre. Si l'argument n'est pas neuf, en revanche il n'a jamais manqué son effet : il faut donc le réduire à sa juste valeur.

Les primes accordées à la pêche de la morue se composent d'abord d'une somme de 20 francs par quintal exporté, puis d'une autre somme de 50 francs par homme employé. Cette seconde prime est acquise à l'armateur, non-seulement pour tout marin régulièrement porté en France sur les contrôles de l'inscription maritime, mais aussi pour une deuxième catégorie d'engagés, dits inscrits provisoires, qui forment, à proprement parler, la précieuse pépinière de matelots sur laquelle il est d'usage d'insister si complaisamment. Le métier de la mer étant de ceux que l'on n'embrasse plus après un certain âge, ces inscrits provisoires doivent avoir moins de vingt-deux ans, et ne sont inscrits définitivement qu'après trois campagnes. Ils servent à compléter les équipages des bâtiments de pêche, auxquels la loi impose à dessein un effectif exagéré, vingt hommes pour les navires au-dessous de 100 tonneaux, trente hommes pour ceux de 100 à 150 tonneaux, et cinquante hommes au-delà. Telle est la théorie de l'institution ; voyons la pratique, étudiée sur les lieux et d'après nature.

De même qu'au départ de France l'équipage d'un navire de pêche se compose dans une proportion indéterminée des inscrits définitifs et des inscrits provisoires dont nous venons de parler, de même sur les lieux le travail se dédouble. Les inscrits définitifs, c'est-à-dire les véritables matelots, restent à bord, et vont tendre leurs lignes sur les bancs, où, en cape loin de terre pendant des semaines et des mois, de toutes les existences, ils affrontent la plus rude et la plus dangereuse qui soit réservée à l'homme de mer. Les inscrits provisoires au contraire débarquent dès l'arrivée et sont exclusivement employés à terre pendant toute la saison. Faire sécher le poisson, l'étaler le matin au soleil sur des grèves de galets aplanies et dessinées comme les parterres d'un jardin français, le retourner à midi, le remettre en tas le soir, le presser au cabestan au fond des boucauts où il sera expédié au-delà des mers, telle est la tâche des inscrits provisoires ou des *graviers*, comme on les appelle par allusion aux grèves où ils étalent le poisson. Aussi leur apprentissage maritime est-il nul. Raccolés parmi les plus pauvres et les plus abrutis des mendiants de Bretagne, de Gascogne et de Normandie, ils s'engagent à raison d'une somme qui varie de 50 à 100 fr. pour une saison que certains armateurs font durer jusqu'à neuf mois. Dimanches et fêtes, tout leur temps est vendu pour cette solde chétive, qui leur laisse à peine de quoi changer de loin en loin les haillons dont ils sont vêtus.

Certes, à voir les logements qu'on leur donne, ces couchettes superposées où ils sont entassés en proie à la vermine, ces paillasses infectes dont les maigres gibbosités sont à demi cachées par une couverture en lambeaux, à voir en un mot dans sa cruelle réalité toute cette misérable existence, on comprend du premier coup d'œil que la faim seule, *malesuada fames*, a pu faire accepter à ces malheureux une aussi sordide exploitation. Rarement ils reviennent une seconde année, presque jamais une troisième, et à coup sûr la marine, dans ce premier essai, s'est offerte à eux sous un jour trop peu séduisant pour les engager à y persévérer, en se transformant d'inscrits provisoires en inscrits définitifs. Quiconque a vécu, si peu que ce soit, au milieu de cette population ne saurait conserver aucun doute à cet égard. On ne combat d'ailleurs ici que le, principe des primes, et l'on a voulu montrer à quelles bizarres conséquences en pouvait conduire l'application. Quant à l'importance de la mesure en elle-même, il faut bien reconnaître qu'elle ne grève le budget que d'une somme minime, 3 ou 4 millions ; on n'en peut dire autant de toutes les combinaisons du système protecteur. Nul ne trouvera mauvais qu'un gouvernement s'impose certains sacrifices pour augmenter le nombre de ses marins : il y a là une question d'honneur national dans laquelle l'économiste doit s'effacer au besoin derrière l'homme d'état ; mais le premier reprend ses droits dès qu'il s'agit de déterminer dans quelles conditions ces sacrifices peuvent être faits le plus avantageusement. — Je sers le plus grand des intérêts publics, j'affermis la puissance militaire du pays, et je vous donne quinze mille matelots pour trois pauvres millions ! — s'écrie l'armateur. Éclairé par les faits, le bon sens répond qu'il n'en est rien, qu'il n'en peut rien être, et que ces trois millions sont tout simplement partagés entre vingt-cinq ou trente maisons de Dieppe, Granville et Saint-Malo, que si du reste le point de vue militaire doit dominer aussi essentiellement la question maritime, il serait plus rationnel d'employer la subvention dont il s'agit pour améliorer directement la situation pécuniaire des marins au service de l'état. Cependant il faut voir la chose de plus haut. S'il est vrai que la population maritime de la France soit loin de s'accroître, comme on doit le désirer et comme on est en droit de l'attendre ; s'il est vrai que, sur un sol où ne s'est affaibli en rien le prestige de l'honneur militaire, les gens de mer seuls envisagent avec une répugnance non déguisée les quelques années que le pays réclame de chacun d'eux, n'en cherchons pas la cause ailleurs que dans le régime inique qui les rejette hors du droit commun, n'en accusons que cette inscription maritime que l'on pourrait définir en deux mots : le moyen d'avoir des matelots sans les payer. C'est là qu'est le mal. Déjà l'on a tenté d'en amoindrir les effets ; espérons qu'il sera donné à notre génération de le voir disparaître.

On eut pourtant en 1856 la singulière idée d'acclimater aux Antilles cette inscription maritime, dont les registres en 1861 comprenaient 2.514 hommes à la Martinique et 3.596 à la Guadeloupe ; mais il faut se garder de prendre ces chiffres au sérieux, car le nombre des marins *réels* des deux îles est tout à fait insignifiant. Avoir par hasard mis le pied dans une pirogue ou halé de loin en loin quelques filets à terre est un motif suffisant pour que le nègre soit inscrit ; mais il y a cette différence entre lui et le matelot des côtes de France qu'il s'accommode à merveille de sa position. Les charges en effet en sont nulles, le service naval ne réclamant que très peu de gens de couleur, embarqués exclusivement sur les bâtiments de la division des Antilles, car il est interdit de les faire sortir de cette station. En même temps ils jouissent de toutes les immunités que confère le titre d'inscrit : que l'un d'eux par exemple soit pris en vagabondage, délit dont ils sont à chaque instant coupables, au lieu d'être mis à là geôle et contraint à travailler dans les ateliers disciplinaires pour acquitter son amende, il sera tout simplement renvoyé au commissaire de l'inscription maritime. Je n'attaque en rien l'emploi des noirs à bord : sous ce ciel brûlant, ils rendent des services que l'on ne peut attendre que d'eux ; mais n'eût-on pu facilement trouver un meilleur moyen de les employer que d'implanter dans nos colonies une institution si vivement et si justement combattue aujourd'hui en France ?

La loi de 1861 a eu pour objet de faire droit aux justes griefs de nos colonies. Toutefois, avant de rechercher quelle influence elle semble appelée à exercer sur leur avenir, il est un point de leur existence passée qu'il faut éclairer, parce que, bien que d'ordinaire on ne parle de ces colonies que collectivement, il existe pourtant entre elles des différences dont l'action se fera sentir dans les transformations qui se préparent. C'est en remontant à notre révolution de 1789 que l'on trouve l'origine de ces différences. La Guadeloupe n'avait été jusque-là en quelque sorte que la très humble servante de la Martinique ; sauf de rares intermittences, les relations directes lui étaient interdites avec la métropole, et cette tutelle peu justifiée avait eu pour effet naturel de laisser dans l'ombre une île au profit de l'autre. Les guerres maritimes qui s'ouvrirent en 1792 intervertirent les rôles. Tombée au pouvoir de la Grande-Bretagne en 1794, redevenue française à la paix d'Amiens, puis prise de nouveau par les Anglais en 1809, la Martinique ne cessa pas un jour d'être régulièrement gouvernée, et le contre-coup des crises qui déchiraient l'Europe ne s'y fit sentir qu'au début par quelques troubles insignifiants. Il en fut autrement à la Guadeloupe, où les luttes sanglantes qui signalèrent la période révolutionnaire ont laissé dans la population noire des souvenirs dont la trace se retrouve encore aujourd'hui. Cet épisode de nos grandes guerres a été trop oublié par l'histoire pour que l'on ne s'y arrête pas un instant, ne fût-ce qu'à cause de l'étrange physionomie de l'homme qui sut y prendre un rôle prédominant.

La Guadeloupe avait capitulé le 20 avril 1794. Les autres îles du Vent avaient successivement subi la même destinée, et le comité de salut public, voulant tenter un effort sur le succès duquel lui-même probablement comptait peu, expédia pour les reconquérir une petite division composée de deux frégates et de quelques transports avec onze cents hommes de troupes. Des deux commissaires investis de pleins pouvoirs par le comité, l'un, fils d'un boulanger de Marseille, avait attiré l'attention par son ardeur fanatique dans les fonctions d'accusateur public près du tribunal révolutionnaire de Brest : on l'appelait Victor Hugues. Nommé, comme tant d'autres, uniquement en raison de sa fervente adhésion aux idées nouvelles, aussi étranger à la guerre qu'à l'administration, rien dans son passé n'annonçait l'homme qui allait se révéler en lui ; mais il donna sa mesure dès le début. L'escadrille, par une coïncidence fortuite, avait quitté Rochefort trois jours après la reddition de la Guadeloupe, et se dirigeait vers cette île, qu'elle croyait encore française. Elle ne fut désabusée qu'à l'atterrissage. À notre poignée d'hommes, les Anglais, maîtres de la mer, opposaient une armée de quatre mille soldats, amplement pourvue et soutenue par une flotte de trente-deux navires, dont quatorze vaisseaux et frégates. Chez nous, l'attaque avait peu de partisans parmi les chefs et les hommes du métier ; seul, Hugues n'hésita point. Sans entrer dans le détail de cette lutte extraordinaire, il suffira de rappeler qu'il ne s'agissait pas d'un de ces coups de main heureux comme l'histoire en a souvent enregistré, et dont le succès, disait Napoléon, dépend d'une oie ou d'un chien. Ici ce fut une bataille de sept mois, sans que Hugues faiblît un seul jour. Huit mille hommes nous furent successivement opposés ; huit cent soixante seulement s'embarquèrent dans la nuit du 10 au 11 décembre 1794, en nous abandonnant dans le fort Saint-Charles, leur dernier boulevard, soixante-seize canons et des approvisionnements considérables. Hugues était couché lorsque la nouvelle lui en parvint. Entendant parler de sa chambre, il crie de son accent provençal le plus pur à son aide-de-camp : Caffin, qu'est-ce donc ? — L'évacuation du fort. — Ah ! ah ! c'est bien ; Caffin, appelle la musique, et fais jouer : *Ça ira, les aristocrates à la lanterne* ! — La musique s'assemble, et trouble le silence de la nuit avec le triste refrain aimé de Victor Hugues.

La Guadeloupe une fois en son pouvoir, Hugues l'organisa à sa façon. Ce furent d'abord des épurations révolutionnaires dignes de Carrier et de Collot d'Herbois : l'on vit par exemple huit cent soixante-cinq émigrés (car on avait donné à ces malheureux proscrits le même nom qu'en France) fusillés en une seule fournée sur le morne Savon. Bientôt néanmoins le représentant du comité de salut public se contenta de quelques guillotines dressées en permanence, et il avisa aux moyens de tirer de sa conquête le meilleur parti possible. La plupart des habitations de la colonie avaient naturellement été confisquées au profit de la république : il fallait les remettre en valeur, et pour cela ramener au travail les noirs émancipés par le décret de la convention du 4 février 1794. Hugues, que l'arbitraire embarrassait peu, y pourvut par un arrêté, et l'accompagna d'un ordre de travail dont les termes méritent d'être conservés. Il y était dit « qu'à cinq heures et demie du matin la cloche réunirait les citoyens et citoyennes en un lieu indiqué, qu'à cinq heures trois quarts le chef entonnerait un des couplets de l'hymne républicain, terminé par le cri de *vive la république* ! qu'il ferait l'appel, et que les citoyens se rendraient ensuite au travail, toujours en chantant, et avec cette gaîté simple et vive qui doit animer le bon enfant de la patrie, qu'à huit heures le déjeuner serait pris sur le terrain à l'exemple des sans-culottes cultivateurs de France, etc. » Le commerce fut de même provisoirement centralisé au moyen de la création d'agences nationales ; toute justice autre que celle des tribunaux révolutionnaires fut suspendue, et de la sorte l'ensemble des pouvoirs, sans aucune exception, se trouva réuni dans la main du redoutable proconsul. On sourit aujourd'hui en lisant, son ordre de travail ; mais certes nul de ses administrés n'eût alors songé à se rendre coupable d'une pareille irrévérence, car la terreur dont son nom les frappait était telle qu'il n'y avait trouble ou tentative de désordre que sa simple présence ne suffît à dissiper. « Il arrivait alors, dit M. Lacour, seul, sans se presser, un cigare à la bouche, les mains derrière le dos, et lorsque l'attroupement ne s'éparpillait point assez vite à son gré, c'était à grands coups de bâton qu'il dispersait les mutins. »

Ce règne despotique dura quatre ans, mais ce fut pour la Guadeloupe une phase véritablement exceptionnelle, si l'on se reporte aux désastres maritimes qui partout ailleurs avaient laissé au *Jack* britannique l'empire incontesté de la mer. Pendant tout ce temps, cette île fut un foyer de corsaires qui répandaient l'effroi dans la mer des Antilles, et versaient l'or à flots dans la colonie. Des expéditions en sortaient qui enlevaient à l'ennemi Sainte-Lucie, Saint-Eustache, Saint-Martin ; d'autres arboraient victorieusement les trois couleurs à la Martinique, à Saint-Vincent, à la Grenade, à la Dominique, et rentraient impunies au port. L'impression des exploits de Hugues était telle que, malgré la supériorité de leurs forces, les Anglais n'osaient l'attaquer, et grâce à lui, pendant toute la guerre, la Guadeloupe eut l'honneur d'être le seul point d'outremer sur lequel notre pavillon ne cessa point de flotter. Le dictateur dut pourtant abdiquer en 1798, pour aller rendre compte en France des rapines et des concussions qu'on lui reprochait à trop juste titre, et le pouvoir créé par son énergique et indomptable volonté déclina promptement entre les mains de ses faibles successeurs. Au dehors, la Guadeloupe cessa d'être une puissance, et au dedans l'anarchie, que la main de fer du proconsul avait seule contenue, ne tarda point à reparaître. La maladresse d'un gouverneur la fit dégénérer en une insurrection qui laissa pendant plus de six mois la colonie livrée à elle-même. Pour la reconquérir, il ne fallut pas moins que la paix d'Amiens et quelques-unes des vieilles bandes de l'armée du Rhin, commandées par Richepanse, le héros de Hohenlinden. Ce fut la contre-partie de l'expédition de Saint-Domingue, et des deux côtés il faut reconnaître à la révolte des nègres le caractère d'une défense légitime, car l'esclavage était la part que leur réservait le premier consul dans son travail de réorganisation universelle. L'histoire a conservé le souvenir des chefs noirs de Saint-Domingue : à la Guadeloupe, celui qui résista le dernier s'appelait Delgrès. Son nom mérite aussi d'être sauvé de l'oubli, et sa physionomie attache et intéresse tout à la fois dans cette cause, où la justice était malheureusement déshonorée par le brigandage. Sans illusions sur l'issue d'une lutte qu'il avait acceptée, mais non provoquée, il sut s'y distinguer par un courage chevaleresque ; on le voyait par exemple s'asseoir dans une embrasure de canon, un violon à la main, et y braver les boulets ennemis en jouant de son instrument pour animer ses soldats. Forcé dans ses derniers retranchements, il échappa au supplice par un suicide héroïque. Delgrès ne comptait pas réussir d'ailleurs ; mais il espérait amener la France à la réflexion, à un compromis peut-être, en lui montrant fort et puissant le parti qu'elle voulait de nouveau réduire à la servitude. La réaction qui suivit fut atroce. Toute justice régulière avait disparu, la voix de la passion était seule écoutée ; les nègres furent chassés et traqués comme des bêtes fauves, et non-seulement la potence fonctionna sans relâche, mais on poussa la fureur jusqu'à vouloir renouveler les tortures les plus révoltantes du temps de l'esclavage, la roue, le bûcher, et jusqu'à la cage. Cette période de l'histoire de la Guadeloupe est assez obscure, et il faut cependant y remonter, si l'on veut saisir la cause première d'une différence marquée entre les populations de couleur de cette île et de la Martinique. On sait déjà que cette dernière, par suite de l'occupation étrangère, n'avait subi aucune interruption dans le régime social auquel étaient auparavant soumises les colonies à esclaves. Sous Hugues, au contraire, les nègres avaient été enrégimentés, ils avaient armé des corsaires, et pris une part glorieuse à toutes les expéditions dirigées contre les établissements anglais ; ils avaient ensuite énergiquement résisté au joug que l'on voulait de nouveau leur imposer. Lorsque, cinquante ans après, la révolution de 1848 leur rendit cette liberté pour laquelle leurs pères avaient combattu, le souvenir du passé n'avait pas encore eu le temps de s'effacer de leurs traditions. Aussi la transition d'un état à l'autre fut-elle plus scabreuse à la Guadeloupe qu'à la Martinique, et encore aujourd'hui, malgré une plus grande superficie de terres cultivables, malgré une fertilité au moins égale, la Pointe-à-Pitre continue à exporter chaque année environ 5 millions de kilogrammes de sucre de moins que Saint-Pierre. Bien qu'il ressorte de là que la production, c'est-à-dire le travail, n'a pas également repris dans les deux îles, on se tromperait en concluant de ce fait à l'infériorité de la Guadeloupe. Tout au contraire l'avenir lui appartiendrait plutôt qu'à sa rivale, si l'on ne considérait que son amour du progrès et ses tendances ouvertement libérales. C'est chez elle que se sont élevées les premières usines centrales ; c'est elle qui a fait les premières tentatives pour substituer, comme base de recettes, l'impôt indirect à la capitation, tandis que, malgré qu'il en ait, et peut-être à cause des différences que nous venons de signaler dans l'histoire des deux colonies, le planteur de la Martinique semble ne pouvoir s'affranchir d'un retour constant vers le passé. Il a réussi, par un habile réseau de décrets, à fixer dans une certaine mesure le nègre à la glèbe, alors qu'à la Guadeloupe on se bornait à la répression pure et simple du vagabondage, et comme en même temps son budget se traduisait en excédant, pendant que la Guadeloupe se débattait sous le poids d'une dette écrasante, beaucoup d'esprits ne voulurent voir que ce résultat, sans se préoccuper assez de la valeur des moyens qui l'avaient amené.

C'est qu'effectivement la question financière est vitale pour ces petites îles, où les dépenses balancent les recettes dans les étroites limites d'un budget de 3 à 4 millions. Tout arriéré peut alors rapidement devenir sérieux, et parfois il arrive que la métropole saisit mal à propos ces moments de gêne pour redoubler d'exigence. La loi du 3 juillet 1861 rendra ces complications beaucoup plus rares et même tout à fait impossibles par la suite, en même temps qu'elle ne saurait manquer de ramener l'abondance dans les caisses coloniales par l'essor qu'elle imprimera au commerce. Peu de personnes se font une idée nette de l'immense développement que devra prendre la production du sucre quand l'usage en deviendra vraiment général au lieu d'être restreint, comme il l'est aujourd'hui, aux classes aisées de la société. Une statistique faite avec soin il y a dix ans, c'est-à-dire lorsque les barrières prohibitives commençaient à peine à s'entr'ouvrir chez les peuples les plus avancés, cette statistique portait l'ensemble des sucres de toute provenance fabriqués dans le monde entier à 2.342.722 tonnes de 1.000 kilogrammes, dont la moitié environ était consommée par l'Europe, les États-Unis et quelques pays voisins. La betterave n'entrait guère dans ce formidable total que pour 165.000 tonnes. Eh bien ! il est permis de prévoir sans nulle exagération le jour où ce chiffre sera augmenté au moins de moitié ; lorsque l'on songe que la consommation moyenne par tête, qui n'est en France que de 4 à 5 kilogrammes, est cinq fois plus forte à La Havane par exemple, et qu'elle a plus que doublé en douze ans chez les Anglais par le simple abaissement des droits d'introduction. Il est vrai que nos îles lilliputiennes, ne doivent prétendre qu'à une bien modeste part de ce grand développement ; mais tout est relatif : qu'elles songent seulement à la vaste étendue de savanes et de terres en friche qu'elles pourront mettre en culture à mesure que le travail renaîtra, et qu'elles reprennent courage en se rappelant qu'il a suffi de vingt-cinq ans aux Antilles espagnoles pour quintupler leur production dans des conditions moins libérales que n'en établit aujourd'hui la nouvelle loi.

Ce n'est pas tout. L'effet naturel du pacte colonial et du monopole qui en résultait avait été de surexciter au-delà de toute mesure l'industrie sucrière et de lui faire absorber tout ce que nos planteurs pouvaient réunir de capital et de travail. Il est probable qu'il en sera autrement désormais, et que, par suite du développement varié qu'il est dans la nature de la liberté de produire, l'on verra reparaître les cultures auxiliaires, ces belles caféières par exemple, semblables à des jardins ombreux, et ces quinconces de cacaos, alignés comme les massifs d'un parc de Le Nôtre. Je pourrais citer près de la Basse-Terre une caféière de 20 hectares qui, avec vingt-cinq travailleurs, donne un revenu annuel de 20.000 francs net. La. Guadeloupe n'a-t-elle pas d'ailleurs produit autrefois jusqu'à 600.000 quintaux de café par an ? Que dire encore de ces cacaotières où l'hectare peut rapporter 1.000 écus, et dont le père Labat, l'oracle de nos vieux colons, disait qu'elles se pouvaient comparer à une riche mine d'or, tandis qu'une sucrerie n'était qu'une mine de fer ? Il n'en faut pas douter, ces diverses cultures redeviendront importantes et prospères à mesure que le sucre, accompagnement obligé de leurs produits, entrera de plus en plus dans l'alimentation des masses, auxquelles il était jadis à peine accessible. Toutes ces industries sont connexes, et si l'Angleterre, en réduisant des trois quarts le droit sur le café, en a presque décuplé la consommation, il n'est que raisonnable de compter sur un résultat analogue en France.

On sait quelle étrange situation la mise en pratique obstinée du pacte colonial avait créée à nos Antilles à la veille de la loi de 1861, et quelle était l'urgente nécessité de cette mesure réparatrice. On les a vues, après avoir été amenées à ne produire que du sucre, ne plus pouvoir se défaire de ce sucre, grâce à la protection réclamée par le pavillon national, puis manquer, toujours pour le même motif, des denrées les plus nécessaires, et supporter en un mot toutes les charges d'un contrat dont une injustice flagrante leur déniait les bénéfices. Quelles perspectives de prospérité l'avenir ouvre-t-il à ces îles maintenant que la liberté leur est enfin rendue ? Quelle direction prendra ce commerce, ainsi livré à lui-même après avoir été si longtemps emprisonné entre les barrières artificielles de la protection ? La réponse ne saurait être douteuse : c'est vers les États-Unis que le voisinage et les facilités de la navigation établiront nécessairement le principal courant d'affaires de nos deux îles. Aussi n'est-il pas inutile de rappeler ici quelle a été dans la mer des Antilles l'attitude habituelle des Américains, et quelle sera encore leur règle de conduite le jour où, la fin de la guerre civile leur ayant rendu leur pleine liberté d'action, ils pourront reprendre les véritables traditions de leur politique étrangère.

Ces traditions, ces doctrines, c'est à Cuba qu'il faut aller les étudier sur le vif, sinon telles que Lopez voulait les appliquer brutalement, au moins dans l'expression officielle que leur donnait en 1858 le message du président Buchanan. — Il faut que cette île soit à nous, y posait-il en principe ;

cela doit être, cela sera. À la vérité nous nous devons à nous-mêmes de répudier toute annexion violente, et de désavouer les annexions de flibustiers, quels qu'ils soient ; mais il en est autrement d'un marché loyalement proposé. Offrons donc à l'Espagne un bon prix de sa colonie ; si elle refuse, alors pour nous le moment sera venu d'aviser. — Je me borne à reproduire le sens général du message dans lequel, sans dire expressément qu'un refus eût été considéré comme un *casus belli*, on le donnait à entendre. Jusqu'où ces étranges notions de droit des gens eussent été poussées, si la guerre n'eût tout bouleversé, nul ne saurait le dire ; toutefois ce que l'on peut affirmer sans crainte, c'est que l'Américain ne voit là qu'une partie remise et non abandonnée. Conquête, achat ou annexion, il caresse sa convoitise depuis tant d'années, qu'elle a fini par devenir à ses yeux chose non-seulement avouable et licite, mais de plus assurée de réussir dans un délai plus ou moins long. Aussi chaque année part-il des États-Unis un nouvel essaim de voyageurs dont les impressions, religieusement publiées au retour, offrent un caractère des plus significatifs ; on dirait de ces flammes qui, ne pouvant atteindre un objet trop éloigné, le lèchent comme instinctivement de l'extrémité de leurs langues fourchues. L'un intitule son livre *Gan-Eden* en souvenir du jardin enchanté des *Mille et une Nuits*, où le calife Haroun-al-Raschid venait chercher l'oubli de ses peines. Un autre ira plus loin et prédira hardiment le jour où les îles de toutes nations qui couvrent ces mers s'inscriront au ciel étoilé de l'Union, où la mer caraïbe comme le golfe du Mexique ne formeront qu'un lac *yankee*. L'un de ces enthousiastes assistait dans la cathédrale de La Havane à un *Te Deum* en l'honneur de la reine d'Espagne. « Tout à coup, s'écrie-t-il, je crus être témoin d'un de ces effets d'optique où les vues d'un panorama semblent se dissoudre en se succédant. Au lieu d'une troupe d'officiers empanachés, couverts d'or et de décorations, je vis un austère cortège de Yankees, maigres et faméliques (*lean and hungry*), en gilets de satin noir. Au lieu d'un capitaine-général aux plaques étincelant sous le grand cordon rouge m'apparut le gouverneur de l'état en simple habit noir. Ce n'était plus la puérile ostentation des pompes catholiques, mais bien une procession solennelle, allant écouter au théâtre Tacon (le principal théâtre de La Havane) un discours en l'honneur de l'indépendance américaine, *a fourtt of july oration.* »

Sans rechercher si les discours du 4 juillet sont en réalité préférables aux sermons, nous nous bornerons à dire que de longues années se passeront probablement avant que les sympathies de la population de Cuba se prononcent en faveur des États-Unis. Le géant a trop tôt montré ses pieds d'argile. Tout au contraire, non-seulement Cuba, mais Porto-Rico, sont depuis longtemps dans une voie de progrès fort appréciée au dehors, et la meilleure preuve en a été la récente annexion volontaire de Santo-Domingo. L'Espagne n'a fait que recueillir là ce qu'elle avait semé, et j'ajouterai que c'est à tort que l'on attribue cette prospérité exclusivement au maintien de l'esclavage. Tout au plus le fait serait-il vrai de La Havane, où cependant les blancs et les noirs sont en nombre égal, 700.000 de part et d'autre (500.000 esclaves, beaucoup plus protégés par la loi que dans les États-Unis du sud, et 200.000 hommes libres de couleur), tandis que dans nos Antilles la proportion est de 1 à 10. Dans la magnifique île de Porto-Rico, sur 360.000 habitants, on compte 42.000 esclaves seulement et 191.000 blancs employés pour la plupart à la culture des terres ; le reste est mulâtre ou libre de couleur. C'est assez dire combien le travail servile y a peu d'importance relative. Il n'est que juste, en un mot, de reconnaître la sagesse de la politique coloniale si patiemment suivie par l'Espagne dans ses colonies des Antilles, et l'on ne saurait trop lui désirer un nouveau succès dans l'expérience qui va se tenter à Santo-Domingo. Il faut avoir vu cette antique métropole des Indes, telle qu'elle était encore livrée à elle-même en 1860, avec ses rues désertes bordées de palais en ruine, avec ses remparts effondrés, ses vastes cloîtres abandonnés, pour comprendre le triste usage qu'elle avait fait de son indépendance. Là où le vieux Colomb souffrit dans les fers, à peine rencontrait-on de loin en loin quelques rares descendants de la vaillante race qu'il avait guidée à la découverte du Nouveau-Monde ; tout était envahi par une impuissante population de mulâtres abâtardis, dont l'aspect héroï-comique contrastait d'une façon étrange avec les grands souvenirs des temps de la conquête. Cependant l'empreinte très réelle que l'Espagne a laissée partout où elle a régné au-delà des mers n'est pas tellement effacée ici que ce pays ne puisse renaître, favorisé comme il l'est par le voisinage de Cuba et de Porto-Rico. Peut-être l'avenir se chargera-t-il de montrer que la France est plus intéressée qu'elle ne se le figure à la réussite de cette épreuve.

Chacun comprendra pourquoi nous insistons sur cette situation des Antilles espagnoles : c'est là qu'est le point vulnérable. Ce n'est un mystère pour personne que la tendance de l'Américain à prendre pied dans ce riche archipel, pour s'y étendre ensuite comme la goutte d'huile sur l'étoffe où on l'a déposée, et certes ce ne sera pas aux possessions de la France ou de l'Angleterre qu'il s'attaquera de prime saut. Les trois îles dont nous venons de parler sont tout à la fois plus opulentes, plus voisines, plus grandes et plus faciles à entamer, car ce que nous avons dit de Cuba, nous eussions pu le dire de Haïti, où les prétentions des États-Unis sur la baie de Samana se reproduisent en quelque sorte périodiquement. Notre rôle doit-il être de nous opposer à toute tentative d'envahissement de ce genre ? Oui, sans nul doute. Il ne s'agit pas ici en effet d'une Australie ou d'un Canada destinés à se séparer au jour de l'indépendance, comme le fruit mûr se détache de la branche nourricière, et le point de vue économique n'est pas le seul sous lequel il faille envisager une colonie dans ses relations avec la métropole. Rien n'est plus instructif à cet égard que la prévoyance infinie avec laquelle, depuis tant de générations, les hommes d'état de la Grande-Bretagne ont échelonné sur le globe les stations navales et militaires de la mère-patrie, et si, grâce à ses révolutions, la France est sous ce rapport bien en arrière de sa rivale, ce doit lui être un motif pour mieux apprécier la valeur des deux points qu'elle a gardés aux Antilles. Ne fussent-ils pour elle que de coûteuses possessions d'outre-mer, et nous avons essayé de prouver qu'il n'en était rien, il ne lui importerait pas moins de les conserver précieusement, afin de n'être pas prise au dépourvu le jour de la lutte. Ce n'est pas un simple port de ravitaillement que nous devrions avoir à Fort-de-France, mais bien, comme les Anglais à la Jamaïque, aux Bermudes, à Halifax, un véritable arsenal maritime auquel nous cesserions de marchander quelques fortifications à peine suffisantes. N'oublions pas, selon la juste remarque d'un créole de la Martinique, que de tous les traités par lesquels la France a mis fin à ses luttes sur l'Océan avec l'Angleterre, deux seulement lui ont été avantageux et honorables, celui de Breda et celui de Versailles, et qu'en 1667 comme en 1783 nos succès dans la mer des Antilles pesèrent glorieusement dans la balance.

Mais laissons ces considérations qui nous éloignent de notre sujet, et qui d'ailleurs n'ont besoin ni de développement, ni de preuves à l'appui. C'est moins un champ de bataille qu'un champ commercial que nous avons voulu montrer dans nos Antilles, et à ceux qui argueraient de l'exiguïté de leurs dimensions pour y mal augurer de l'avenir, nous répondrons par un exemple de la prospérité que développe la liberté commerciale. L'une des plus petites des Indes occidentales, et l'une des moins fertiles, est assurément l'îlot danois de Saint-Thomas. Cinq lieues sur trois, telle est sa mesure : Sancho lui-même eût demandé davantage pour son royaume de Barataria. Pourtant, depuis plus d'un siècle et demi, il a suffi de la liberté du commerce pour faire de ce rocher aride l'un des centres les plus importants de l'archipel. Dès 1701, un voyageur français, le père Labat, parlait avec enthousiasme « de ce lieu riche et toujours plein de toutes sortes de marchandises, de ce port ouvert à toutes les nations, et servant d'entrepôt au commerce que les Français, les Anglais, les Espagnols et les Hollandais n'osaient faire ouvertement dans leurs îles. » Le bon père y achetait pour 5 écus ce qui en valait 25 à la Martinique, et pour 15 ce qui en eût coûté 100 en France. Le gouvernement danois eut le bon esprit de consacrer officiellement cette liberté en 1764, et depuis lors les sottes entraves apportées au commerce des îles voisines n'ont cessé de donner à la prospérité de Saint-Thomas un essor dont il est impossible de ne pas être frappé dès le premier coup d'œil jeté sur la ville. Tout y est mouvement et animation, tout y respire la confiance et la richesse. Les débarcadères sont incessamment couverts d'une foule active et bariolée, occupée à charger ou à décharger les navires de toutes nations qui peuplent le port, car chacun vient y chercher fortune, Danois et Américains, Français et Anglais, Allemands et Espagnols. De plus c'est là qu'aboutissent les diverses lignes des *packets* britanniques de ces mers, c'est le centre du réseau, l'étape obligatoire de tous les voyageurs. Deux fois par mois, la rade se couvre en un jour ou deux des nombreux courriers secondaires qui se rattachent à l'artère principale : l'un arrive de Panama, avec les lointains pionniers du Pacifique, un autre de Carthagène et des ports de la côte ferme, un troisième des colonies espagnoles ; un dernier aura desservi les îles du Vent jusqu'à la Guyane. Tous attendent la venue du rapide vapeur qui franchit en onze jours l'Océan entre Southampton et Saint-Thomas. À peine est-il signalé, que d'un bout de la ligne à l'autre de noirs panaches de fumée annoncent que chacun se dispose à partir ; en quelques heures, de toute la flotte, le puissant *steamer* transatlantique reste seul au mouillage.

Ce vivant tableau maritime, que j'ai maintes fois contemplé d'un œil d'envie en me reportant aux apathiques allures des ports de nos Antilles, la Martinique nous l'offrira désormais, grâce aux lignes de paquebots récemment créées, et il est d'un heureux augure que cette création ait coïncidé avec la réforme économique et commerciale dont nos colonies viennent d'être dotées. Le nouvel état de choses fonctionne depuis trop peu de temps pour que l'on en puisse apprécier les résultats ; mais ce que l'on peut dire dès aujourd'hui, c'est que l'expérience de travail libre et de libre échange que nous allons tenter aura probablement plus de portée que n'en comporte le faible développement territorial de la Guadeloupe et de la Martinique, car c'est le nom de la France, et non-seulement celui de deux petites îles, qui sera mis en cause. Que l'on nous permette un inoffensif château en Espagne. Supposons que dans quelques années une administration sage et ferme, unie à une liberté tempérée, ait ramené dans nos colonies la richesse et le crédit, qu'une nombreuse population de travailleurs y soit venue chercher la facile existence qu'assure le climat des tropiques ; supposons, en un mot, qu'environnées du prestige qui s'attache à la métropole, ces possessions aient reconquis le rang auquel elles ont droit : je l'avoue, si alors la république haïtienne, instruite par cet exemple, revenait à nous de son libre mouvement, si, fatiguée de son impuissance et de ses misères actuelles, elle demandait à la mère-patrie à renouer des liens qui ne seraient désormais pour toutes deux qu'un gage d'avenir et de prospérité, nous pourrions à bon droit être plus fiers de ce succès que du gain d'une bataille. Nul palais au monde ne vaudrait ce château en Espagne.